Todos los libros de Linkgua Ediciones cuentan con modelos de Inteligencia Artificial entrenados por hispanistas. Pregúntale al chat de tu libro lo que desees acerca de la obra o su autor/a.

Para ebooks: Accede a nuestro modelo de IA a través de este enlace.

Para libros impresos: Escanea el código QR de la portada con tu dispositivo móvil.

Obtén análisis detallados de nuestros libros, resúmenes, respuestas a tus preguntas y accede a nuestras ediciones críticas generativas para una experiencia de lectura más enriquecedora.
La transparencia y el respeto hacia la autoría de las fuentes utilizadas son distintivos básicos de nuestro proyecto. Por ello, las respuestas ofrecen, mediante un sistema de citas, las fuentes con las que han sido elaboradas.

María de Zayas y Sotomayor

La traición en la amistad

Barcelona 2024
Linkgua-ediciones.com

Créditos

Título original: La traición en la amistad.

© 2024, Red ediciones S.L.

e-mail: info@linkgua.com

Diseño de cubierta: Michel Mallard.

ISBN rústica ilustrada: 978-84-9953-800-6.
ISBN tapa dura: 978-84-9007-033-8.
ISBN rústica: 978-84-96428-85-0.
ISBN ebook: 978-84-9897-085-2.

Sumario

Brevísima presentación

La vida

María de Zayas y Sotomayor (Madrid, 1590-1660?). España. Nació en Madrid en una familia de la nobleza y tuvo una excelente educación. Vivió casi toda su vida en Zaragoza. Fue elogiada por Lope de Vega y Castillo y Solórzano.

La traición en la amistad es la única comedia de Zayas escrita en verso. Se trata de una historia de amor y engaño; los personajes principales son: Fenisa, Marcia, Belisa, Laura, Gerardo, Juan y Liseo.

La complicidad entre los personajes femeninos es uno de los ejes de la trama y, entre ellos, Fenisa es la principal catalizadora de los conflictos. La obra ironiza con la condición de la mujer y reflexiona sobre las relaciones entre sexos.

Personajes

Antonio
Belisa
Don Juan
Fabio
Félix
Fenisa
Gerardo
Laura
Lauro
León
Liseo
Lucía
Marcia

Jornada primera

Salen Marcia y Fenisa.

Marcia   Vi, como digo, a Liseo
en el Prado el otro día,
con más gala que Narciso,
más belleza y gallardía.
Puso los ojos en mí
y en ellos mismos me invía
aquel veneno que dicen
que se bebe por la vista.
Fueron los míos las puertas,
pues con notable osadía   10
se entró por ellos al alma,
sin respetar a sus niñas.
Siguiome y supo mi casa,
y por la nobleza mía
apareció el ciego lazo,
que solo la muerte quita.
Solicitome amoroso,
hizo de sus ojos cifras
de las finezas del alma,
ya por mil partes perdida.   20
Yo, Fenisa, enamorada,
tanto como agradecida,
estimo las de Liseo
más de lo justo.

Fenisa   Me admira,
Marcia, de tu condición.

Marcia	No te admires, sino mira,
	Fenisa, que amor es Dios,
	cuya grandeza ofendida
	con mi libre voluntad,
	desta suerte me castiga. 30
	Ya hizo el alma su empleo,
	ya es imposible que viva
	sin Liseo, que Liseo
	es prenda que el alma estima;
	y mientras mi padre asiste,
	como ves, en Lombardía,
	en esta guerra de amor
	he de emplearme atrevida.
	Si tú pretendes que crea
	que eres verdadera amiga, 40
	no me aconsejes que deje
	esta empresa a que me obliga,
	no la razón, sino amor.

Fenisa	Mal dices, siendo mi amiga,
	poner duda en mi amistad;
	mas si a lo cierto te animas,
	justo será, Marcia amada,
	que temas y no permitas
	arrojar al mar de amor
	tu mal regida barquilla. 50
	Considera que te pierdes
	y a las penas que te obligas
	en mar de tantas borrascas,
	confusiones y desdichas.
	¿Qué piensas sacar de amar
	en tiempo que no se mira
	ni belleza, ni virtudes?

¿Solo la hacienda se estima?

Marcia   Naide puede sin amor
              vivir.

Fenisa   Confieso; mas mira,   60
              bella Marcia, que te enredas
              sin saber por dó caminas.
              El laberinto de Creta,
              la casa siempre maldita
              del malicioso Atalante,
              el jardín de Falerina,
              no tienen más confusión.
              Lástima tengo a tu vida.

Marcia   Espantada estoy de verte,
              Fenisa, tan convertida;   70
              ¿haste confesado acaso?;
              Ya me cansa tu porfía.
              ¿No aman las aves?

Fenisa   Sí aman,
              y no te espante que diga
              lo que escuchas, pues amor
              esta ciencia me pratica.
              Ya sé que la dura tierra
              tiene amor, y que se crían
              con amor todos sus frutos,
              pues sabe amar aunque es fría.   80

Marcia   Pues, ¿por qué ha de ser milagro
              que yo ame, si me obliga
              toda la gala que he visto?

Y para que no prosigas
verás en aqueste naipe
un hombre donde se cifran
todas las gracias del mundo;
él responda a tu porfía.

Fenisa   ¡Ay de mí!

Marcia   Ya te suspendes;
dime ahora, por tu vida,   90
¿qué pierdo en ser de unos ojos
cuyas agradables niñas
tienen cautivas más almas
que tiene arenas la Libia,
estrellas el claro cielo,
rayos el Sol, perlas finas
las margaritas preciosas,
plata las fecundas minas,
oro Arabia...

Fenisa   ¡Ay Dios! ¿Qué he visto?
¿Qué miras, alma, qué miras?   100
¿Qué amor es éste? ¡Oh, qué hechizo!
Tente, loca fantasía.
¡Qué máquina, qué ilusión!
Marcia y yo somos amigas;
fuerza es morir. ¡Ay, amor!
¿Por qué pides que te siga?
¡Ay, ojos de hechizos llenos!

Marcia   Suspensa estás; ¿qué imaginas?
Fenisa, ¿no me respondes?

¿No hablas?

| Fenisa | ¿Llamas, amiga? | 110 |

Marcia   No estoy muy bien empleada.

Fenisa   Yo le vi, por mi desdicha,
pues he visto con mirarle
el fin de mi triste vida.
Digo, Marcia, que es galán;
mas cuando pensé que habías
hecho a Gerardo tu dueño,
¿olvidas lo que te estima?
¿No estimas lo que te adora,
siendo obligación?

Marcia   No digas,   120
que a nadie estoy obligada
sino a mi gusto.

Fenisa
(Aparte.)   (Perdida
estoy por Liseo; ¡ay Dios!
Fuerza será que le diga
mal dél, porque le aborrezca.)
¿Cuidado de tantos días
como el del galán Gerardo
por el que hoy empieza olvidas?
Demás, que de aqueste puedes,
fingiendo amor, cortesía,   130
estimación y finezas,
burlarte; y es más justicia

estimar a quien te quiere,
más que a quien quieres.

Marcia   ¡Que digas
razones tan enfadosas!
Alguna cosa te obliga
a darme, Fenisa, enojos.
¿Qué pensamientos te animan?

Fenisa   No te enojes.

Marcia   ¿Cómo pides
que no me enoje, si quitas   140
a mis deseos las alas,
a mi amor la valentía,
a mis ojos lo que adoran
y a mi alma su alegría?
¿Quiéresle, acaso?

Fenisa   ¿Yo, Marcia?
¡No está mala la malicia!

Marcia   No es malicia, sino celos.

Fenisa   ¿Por qué el retrato me quitas,
muestra que tú de Liseo
valor ni parte no estimas,   150
y si le estimas procuras
que yo le aborrezca?

Fenisa   Amiga
Marcia, escucha, no te vayas,

aguarda por vida mía;
oye, por tu vida, escucha.

Marcia   Muy enojada me envías;
quien dice mal de Liseo
pierda de Marcia la vista.

Fenisa
(Aparte.)   (Pierda la vista de Marcia
quien piensa ganar la vista   160
de la gala de Liseo.
¿Hay más notable desdicha?
¿Soy amiga? Sí; pues, ¿cómo
pretendo contra mi amiga
tan alevosa traición?
Amor, de en medio te quita.
¡Jesús! El alma se abrasa.
¿Dónde, voluntad, caminas
contra Marcia, tras Liseo?)
¿No miras que vas perdida?   170
El amor y la amistad
furiosos golpes se tiran;
cayó el amistad en tierra
y amor victoria apellida.
Téngala yo, ciego Dios,
en tan dudosa conquista.   175
Sale don Juan.

Don Juan   Marcia me dijo, Fenisa,
que estabas aquí, y así
a ver tus ojos subí.

Fenisa	Siempre el corazón avisa,	180
	el bien y el mal, y así a mí	
	el corazón me decía,	
	mi don Juan, con su alegría,	
	que tú llegabas aquí.	

Don Juan
> Bien mi voluntad merece
> tu favor, Fenisa mía;
> mas el alma desconfía,
> con que mil penas padece.

Fenisa
(Aparte.)
> Aunque a don Juan digo amores
> el alma en Liseo está   190
> que en ella posada habrá
> para un millón de amadores;
> mas quiérole preguntar
> quién es éste por quien muero
> nuevamente.

Don Juan
>   Pues no quiero
> verte así contigo hablar
> si no es que a ti te enamoras,
> porque yo no te merezco.

Fenisa   ¿Celos, don Juan?

Don Juan
>   Yo padezco
> y tú mi dolor ignoras.   200
> Maldiciones de Fenisa
> son éstas. Tú pagas mal
> mi amor.

Fenisa	Y tú, desleal,
	¿eso dices a Fenisa,
	a quien por quererte ha sido
	una piedra helada y fría
	con los hombres?
Don Juan	Una harpía,
	un desamor, un olvido,
	dirás, Fenisa, mejor;
	ya si tus tretas, sirena,
	que ya en tu engaño y mi pena
	hace sus suertes amor,
	y eres...
Fenisa	Basta, no haya, no más,
	que estás en quejarte extraño.
(Aparte.)	Desta manera le engaño.
	¡Ay Liseo! ¿Dónde estás?
	Que yo te diré en qué estaba,
	como viste, divertida.
Don Juan	¡Dilo presto, por tu vida,
	que la mía se me acaba!
Fenisa	¿Tú muerto? Mil años vivas.
	Di: ¿conoces a un galán
	en quien cifradas están
	las pretensiones altivas
	de las damas desta corte?
Don Juan	¿Qué dices? ¿Qué es lo que veo?

Marginal line numbers: 210, 215, 220.

Responde a mi deseo,
mas quieres que pague el porte.

Fenisa   Escucha, así Dios te guarde,
            que yo te diré el deseo   230
            que me mueve, y es Liseo
            su nombre.

Don Juan   ¡Ay, amor cobarde,
            qué presto desmayas! Fiera,
            ¿tal me preguntas a mí?

Fenisa   No pienses, don Juan, que en ti
            hay causa de tal quimera.
            ¿De ti mismo desconfías,
            cuando tus partes están
            por gentil hombre y galán,
            venciendo damas?

Don Juan   ¿Porfías   240
            en darme la muerte, ingrata?

Fenisa
(Aparte.)   (Mejor, don Juan, lo dijeras,
            triste de mí, si supieras
            que este Liseo me mata:
            mas amor manda que calle;
            disimular quiero.)

Don Juan   A fe
            que ya en tus ojos se ve,
            fiera, que debes de amalle.

Fenisa	Tu engaño, don Juan, me obliga
	a descubrirte el secreto,
	por lo que quise saber
	quién es el galán Liseo.
	Pretende de Marcia bella
	el dichoso casamiento,
	siendo, por fuerza de estrellas,
	conformes en los deseos.
	Quíseme informar de ti
	si es noble, porque discreto
	y galán, ella me ha dicho
	que es de aquesta corte espejo;
	y tú, sin mirar que soy
	la que te estima por dueño,
	estás con celos pesado,
	pidiendo sin causa celos.
	No me verás en tu vida,
	y pues celos de Liseo
	te obligan a esta locura,
	yo haré que tus pensamientos
	tengan, por locos, castigos,
	pues de hoy más quererle pienso.
	Y así servirá a los hombres
	tu castigo de escarmiento,
	que no se han de despertar
	a las mujeres del sueño
	que firmes y descuidadas
	dulcemente están durmiendo.

Fenisa

Tu engaño, don Juan, me obliga
a descubrirte el secreto,   250
por lo que quise saber
quién es el galán Liseo.
Pretende de Marcia bella
el dichoso casamiento,
siendo, por fuerza de estrellas,
conformes en los deseos.
Quíseme informar de ti
si es noble, porque discreto
y galán, ella me ha dicho
que es de aquesta corte espejo;   260
y tú, sin mirar que soy
la que te estima por dueño,
estás con celos pesado,
pidiendo sin causa celos.
No me verás en tu vida,
y pues celos de Liseo
te obligan a esta locura,
yo haré que tus pensamientos
tengan, por locos, castigos,
pues de hoy más quererle pienso.   270
Y así servirá a los hombres
tu castigo de escarmiento,
que no se han de despertar
a las mujeres del sueño
que firmes y descuidadas
dulcemente están durmiendo.

Don Juan   Aguarda.

Fenisa	No hay que aguardar; de Liseo soy; el cielo lo haga.
Don Juan	Tras ti voy, fiera, que por amarte me has muerto. 280

(Vanse, y salen Liseo y León, lacayo.)

León	Contento vienes, como si ya fueras señor del mundo, por haberte dicho la bella Marcia que te adora y quiere.
Liseo	¿No te parece que de un bello ángel se han de estimar favores semejantes, y engrandecer el alma, porque en ella quepa la gloria de merced tan grande?
León	Si va a decir verdad, como no busco amor de mantequillas ni alfenique, de andarme casquivano y boquiaberto, 290 de día viendo damas melindrosas, de noche requebrando cantarillas de las que llenas de agua en las ventanas ponen a serenar por los calores, pues a cabo un cuidado de quebrarse la cabeza, no hará sino caerse y romperle los cascos cuando menos. ¡Pesia a quien me parió! Que no hay tal cosa como las fregoncillas que estos años en en la corte se usan.

Liseo	Mi alegría	300

escucharte me manda; dime al punto
cómo son las fregonas que se usan.

León   Si preguntas, señor, de las gallegas
rollizas, carihartas y que alzan
doce puntos o trece por lo menos,
dos varas de cintura, tres de espalda;
que se alquilan por meses y preguntan
si acaso hay niños, viejos o escaleras;
de las que sacan de partido un día
y hurtan cada día algunas horas   310
buscan sus cuyos cuando salen fuera
y venimos a serlo los lacayos
por nuestra desventura y mala estrella;
llevan su medio espejo y salserilla,
y entrando en el portal que está más cerca
se jalbegan las caras como casas
y se ponen almagre como ovejas,
y tras desto, buscando su requiebro,
se vuelven hiedras a su tronco asidas.
Llevan sabrosas lonjas de tocino,   320
y en pago desto vuelven a sus casas
con un niño lacayo en la barriga,
o mozo de caballos por los menos;
nosotros paseamos por su calle,
haciendo piernas y escupiendo fuerte,
hasta que llega la olorosa hora
en que quieren verter el... ya me entiendes;
alcahuete discreto de fregonas,
cuyo olor nos parece más suave
que el de la algalia, y aun decirte puedo   330

que alguna vez le tuve por más fino.
Éstas, como te he dicho, son gallegas,
y fruta para nosotros solamente;
que de las fregoncillas cortesanas
no hay que decir, pues ellas mismas dicen
que son joyas de príncipes y grandes,
y aun hay muchos que humillan su grandeza
al estropajo destas bellas ninfas,
que te puedo jurar que he visto una
que tal vez no estimó de un almirante   340
100 escudos, señor, solo por dalle
la paz al uso de la bella Francia.
Con estas se regala y entretiene
el gusto, y más cuando se van al río,
que allí mientras la ropa le jabonan,
ellas se dan un verde y dos azules;
y no estas damas hechas de zalea
que atormentas a un hombre con melindres
y siempre están diciendo: «dame, dame».

Liseo   ¡Ay, mi León! que en sola Marcia veo   350
un todo de hermosura, un Sol, un ángel,
una Venus hermosa en la belleza,
una galana y celebrada Elena,
un sacro Apolo en la divina gracia,
un famoso Mercurio en la elocuencia,
un Marte en el valor, una Diana
en castidad.

León   Parece que estás loco;
¿Para qué quieres castas ni Dianas?
Anda, señor, pareces boquirrubio.

¿Para qué quiero yo mujeres castas?   360
Mejor me hallara si castiza fuera;
por aquesto reniego de Penélope,
y a Lucrecia maldigo; ensalzo y quiero
a la Porcia sin par; que solo Bruto,
si acaso en el amor te parecía,
pudo hacer desatino semejante.
¡Por vida de mis mozas! Que si fuera
mujer, que había de ser tan agradable
que no había de llamarme naide esquiva.
Dar gusto a todo el mundo es bella cosa;   .370
bien sabe en eso el cielo lo que hizo.
Tengo estas barbas, que si no yo creo
que fuera linda pieza. ¡Oh, si tuviera
una famosa bota, como digo
verdad en esto!

Liseo   Calla, que parece
que vienes como sueles, pues no miras
que con tu lengua la virtud ofendes
más estimada y de mayor grandeza;
mas eres tonto, no me espanto desto.

León   Perdona si te digo que tú eres   380
el tonto, si de castas te aficionas;
mas que si Marcia esa quimera hace,
que te ha de aborrecer, que las mujeres,
aunque sean Lucrecias, aborrecen
los hombres encogidos, y se pierden
por los que ven graciosos, desenvueltos,
y más si al dame, dame, son solícitos.
Si no, mira el ejemplo: a cierta dama

cautivaron los moros, y queriendo
tratar de su rescate su marido,   390
respondió libremente que se fuesen;
que ella se hallaba bien entre los moros;
que era muy abstinente su marido
y no podía sufrir tanta Cuaresma;
que los moros el viernes comen carne
y su marido solos los domingos,
y aun este día solo era grosura,
y el tal manjar ni es carne ni es pescado.
¿Entiendes esto? Pues si Marcia sabe
que eres tan casto, juzgará que tienes   400
la condición de aqueste que quitaba
a esta pobre señora sus raciones,
o entenderá que eres capón, y basta.

Liseo   Ya parece, León, que desvarías.
                  Pero mira al balcón: ¿es Marcia aquélla?

León   No es sino Fenisa, amiga suya.

Fenisa   León, llama a Liseo.

León   Señor, llega,
                  que la hermosa Fenisa quiere hablarte.
Fenisa   Dichosa es la que merece amarte.

Liseo   ¿Qué mandáis, Fenisa hermosa,   410
                  pues por mi dicha merezco
                  que de Marcia hermosa el alma
                  tenga de hablarme deseo?
                  Hablad, señora, por Dios,

y no tengáis más suspenso
a quien os adora a vos
por estrella de su cielo;
y si sois de aquella diosa
en quien adoro...

Fenisa
(Aparte.)   (¿Qué espero?
Dejé a Marcia con don Juan   420
y vengo llena de miedo
a ver de mi dulce dueño
la gala que no merezco.
Hurtando a Marcia sus glorias,
las cortas horas al tiempo,
escribe un papel, y en él
mi amor y ventura ha puesto.
Enojada me fingí
y con este engaño dejo
a don Juan pidiendo a Marcia   430
que desta paz sea tercero,
y aunque a mi don Juan adoro,
quiero también a Liseo
porque en mi alma hay lugar
para amar a cuantos veo.
Perdona, amistad, que amor
tiene mi gusto sujeto,
sin que pueda la razón,
ni mande el entendimiento;
tantos quiero cuanto miro,   440
y aunque a ninguno aborrezco
este que miro me mata.)

Liseo	Fenisa, con tu silencio no dilates más mis glorias; dime si traes de mi dueño algún divino mensaje.
Fenisa (Aparte.)	(Amistad santa, no puedo dejar de seguir a amor.) De aqueste papel, Liseo, sabrás lo que me preguntas; 450 léele, que te prometo que me cuesta harto cuidado la travesura que he hecho; y queda adiós.
Liseo	¿Ya te vas? Aguarda, por Dios.
Fenisa	No puedo. ¡Ay, ojos, en cuyas niñas puso su belleza el cielo! Adiós.
Liseo	Id con él, señora. Dulce papel de mi dueño, no carta de libertad 460 sino de más cautiverio.
León	¿Es lignum crucis acaso? ¿Es de alguna santa el hueso lo que te dio aquella dama?

Liseo	¿Por qué lo preguntas, necio?	
León	Bésasle tan tiernamente que no es mucho si sospecho que es reliquia. A ver, papel; ahora sí que estás bueno. Mas si fuera Marcia casta no granjeara en aquesto.	470
Liseo	Si merezco, papel mío, saber lo que tienes dentro, romperé para gozarlo aqueste divino sello.	
León	Acaba; ¿qué estás dudando? si no temes que los griegos del gran caballo troyano trae metidos en su centro.	
Liseo	¿No es esta letra de Marcia?	480
León	Y vendrá a ser, por lo menos, de la fregona de casa.	
Liseo	Calla que leerle quiero; oíd la boca de Marcia: «Supe, gallardo Liseo, tu nobleza, tu valor, y tu gran merecimiento. En tu retrato miré las partes que te dio el cielo y al fin por ojos y oídos	490

me dio el amor sus venenos,
y aunque entiendo quien te adora,
hoy a quererte me atrevo,
que amor no mira amistades
ni respeta parentescos.
Dirás que fuera mejor
morir; pues tú me has muerto,
no se queda sin castigo
mi amoroso atrevimiento.
Y si quieres de más cerca   500
oír mis locos deseos,
escuchar mis tristes quejas
y amorosos pensamientos,
vivo a san Ginés. ¡Ay Dios!
Si no vivo, ¿cómo miento?
Vivo solo donde estás,
porque donde no estás muero.
En unos hierros azules
dadas las doce te espero
donde perdones los míos,   510
pues vienen de amor cubiertos.»
¿Qué dices desto, León?

León   ¿Qué he de decir? Que eres necio
si no gozas la ocasión
pues te ofrece sus cabellos.
Ésta sí que me da gusto,
que descubre sin extremos
los que tiene allá en el alma.
Parece que estás suspenso;
ventura tienes, por Dios.   520
Di, ¿sabes encantamentos?

¿Con qué hechizas esta gente?
¿Traes algún grano de helecho?
Marcia, te adora y estima;
Fenisa, por ti muriendo.
¿Y Laura?

Liseo   Calla, borracho,
si sabes que la aborrezco
¿por qué me nombras su nombre?
¡Vive Dios!

León   ¡Jesús! ¿tan presto
te enojas? Detén la mano,   530
que ya la paso en silencio;
mas, dime, ¿en que ha de parar
esta quimera, que creo
que te has de volver gran turco?
Di, ¿qué pretendes?

Liseo   Pretendo
darte cien espaldarazos.

León   Dios te guarde, que yo pienso
que no te verás por dar
a puertas de monasterios,
y si das, son mojicones,   540
cosa que aunque por momentos
los dés, no les quitarás
la herencia a tus herederos.
Mas si pasas adelante
con estas cosas, sospecho
que han de reñir y arañarse,

que esto y más pueden los celos.
Las fregonas, por nosotros
cada día hacen esto;
más las demás, no es razón.   550

Liseo   ¿Quieres callar, majadero?
             Ya me cansan tus frialdades,
             ya de escucharte me ofendo.

León   Casto dice y tiene tres.
             Éreslo como mi abuelo,
             que no dejaba doncellas,
             ni aun las casadas, sospecho.
             Era cura de un lugar
             y en lo que tocaba al sexto,
             curaba muy bien su gusto,   560
             pues el día de su entierro
             iban diciendo: «¡Ay, mi padre!»
             todos los niños del pueblo.
             Algunos murmuradores
             al obispo le dijeron
             que tenía doce hijos,
             sin los demás encubiertos.
             Vino el obispo al lugar
             a castigar tantos yerros,
             y él le salió a recibir   570
             disimulado y secreto.
             Dijo el obispo: «¡Traidor!
             ¿Cuántos hijos tenéis?», pienso.
             Respondió: «Que he de tener,
             si no me engaño y es cierto,
             tantos como useñoría,

y aun sospecho que uno menos».
Llegaron con esto a casa
y al entrar en ella vieron
los doce niños, vestidos   580
de un leonado terciopelo
y con hachas en las manos.
Quedó el obispo suspenso
mirando con atención
los muchachos, y mi abuelo
dijo: «¿Qué mira, señor?
¿Estos doce candeleros?
Pues y le juro que todos
dentro de casa se hicieron».

Liseo   ¿Acabaste?

León   No, señor,   590
que se me acuerda otro cuento
tan gracioso como estotro.

Liseo   Lo que has hablado no creo,
que habla más un papagayo.

León   Dábale mucho contento
tener las criadas mozas,
y habiendo por fuerza hecho
que tuviese una ama vieja
de a cincuenta años, fue puesto
en la mayor confusión   600
en que no se vio en su tiempo,
y para poder medir
con su gusto el mandamiento

	tomó dos de a veinte y cinco,	
	que fue el más famoso cuento.	

Liseo   Calla ya, por Dios.

León   ¿Te ofendes
                de tan graciosos sucesos
                y deso estás enfadoso?
                ¡Por Cristo, que no te entiendo!

Liseo   Divina Marcia, perdona   610
                si en no ser leal te ofendo,
                que a Fenisa voy a ver,
                y aun a engañarla si puedo.
                Si no te viere esta noche,
                no te enojes, que el que pierdo
                soy yo que pierdo tu vista.
                Vamos, León.

León   Ya está hecho.
                Vamos, y el cielo permita
                que algún fregonil sujeto
                haya en casa, porque yo   620
                reciba algún pasatiempo.

(Vanse y sale Gerardo.)

Gerardo   Goce su libertad el que ha tenido
                voluntad y sentidos en cadena,
                y el condenado en la amorosa pena
                al dudoso favor que ha pretendido.
                En dulces lazos pues leal ha sido,

de mil gustos de amor el alma llena,
el que tuvo su bien en tierra ajena
triunfe de ausencia sin temor de olvido.
Viva el amado sin favor, celoso,   630
y venza su desdén el despreciado;
logre sus esperanzas el que espera.
Con su dicha se alegre el venturoso
y con su amada el vencedor amado,
y el que busca imposibles, cual yo, muera.

(Salen Antonio y Fabio, con sus instrumentos.)

Fabio   ¿Mandas, señor, que cantemos?

Gerardo   Fabio, Antonio, bienvenidos
             seáis.

Antonio   Cuidados perdidos
             son los tuyos.

Fabio   ¿Qué diremos?

Gerardo   Mi pasión podéis cantar.   .640

Fabio   Será muy triste canción
             que en siete años de afición
             no te acabes de cansar.

Gerardo   Cual Jacob querré otros siete
             si he de gozar a Raquel.

Antonio   Aquí no hay suegro cruel

33

ni Lía que te sujete.

| Gerardo | Unas endechas me di. | 648 |

Fabio   ¿Endechas?

Antonio   ¿Endechas quieres?
Amante de endechas eres.   650

Gerardo   ¡Ay, Fabio! ¡Ay, Antonio! Sí,
cantad, pues, y no templéis;
basta mi tristeza fiera.

Fabio   ¡Bravo amor!

Antonio   ¡Brava quimera!

Gerardo   Ea, cantad si queréis.

(Cantan y Gerardo se pasea.)

    ¿Por qué, divina Marcia,
de mis ojos te ausentas
y en tanto desconsuelo
triste sin ti me dejas?
Si leona no eres,   660
si no eres tigre fiera,
duélete, desdén mío,
de mis rabiosas penas.

(A la ventana Belisa y Marcia.)

Belisa	Llega, querida prima,
	así tus años veas
	logrados y empleados
	en quien más te merezca.
	Escucha cómo cantan.

(Cantan.)

Fabio	¡Ay, celoso tormento!	
	¡Ay, traidora sospecha!	670
	Ya que me olvida Marcia,	
	¿por qué tú me atormentas?	

Belisa	¡Oh, prima de mis ojos!
	Buena ocasión es ésta.

Marcia	Calla, que me disgustas,
	o diré que eres necia.

(Cantan.)

Fabio	Amigo pensamiento	
	tras esta ingrata vuela,	
	dulce dueño que el alma	
	tanta pasión le cuesta.	680

Gerardo	En el balcón hay gente;
	será mi Marcia bella.
	Mas no soy tan dichoso
	que tal favor merezca.

Fabio	¡Ay, que a mi ingrata bella

más la endurecen mis rabiosas penas!

Belisa	Amada prima mía.

Marcia	¿Que me vaya deseas?

Belisa   Pues en esto me hablas,
no te vayas; espera.   690
(Vase Marcia.) Sabe el cielo, Gerardo,
cuanto el veros me pesa,
en tan grande desdicha.

Gerardo   ¿Sois vos, Belisa bella?
¿Y mi Marcia divina?

Belisa   Aquí estaba, y roguéla
que tu pasión mirase,
mas cruel persevera.
Mas no es justo desmayes,
que aunque más me aborrezca   700
he de hacer vuestras partes;
tened, señor, paciencia.

(Vase.)

Gerardo   ¡Ay, señora! Así vivas;
mi desdicha remedia.
Y vosotros, dejadme
solo con mis tristezas.

Fabio   ¡Triste mancebo! Antonio,
miedo tengo que muera.

Antonio	Dejémosle que a solas
	pasa mejor sus penas.	710
	¡Oh Dafne fugitiva
	y aun más ingrata que ella,
	pues huyes de tu amante
	cuando amarle debieras,
	plegue a Dios que el que amares
	te deje cual me dejas,
	pues a mí que te adoro
	desdeñosa desprecias.
	De mi pasión se duelen
	hasta las duras piedras,	720
	y de ella enternecidas
	ablandan su dureza.
	Mis lágrimas son tantas
	que el reino que gobierna
	el sagrado Neptuno
	no tiene más arenas;
	dejad los hilos de oro
	en que ensartáis las perlas
	y ayudadme llorando,
	del mar bellas sirenas.	730
	Plegue a los cielos, Marcia,
	pues mi pasión te alegra,
	que ante tus fieros ojos
	muerto a Gerardo veas.

(Salen Laura y Félix, paje.)

| Félix | Dímelo, así Dios te guarde. |

Laura	¿Qué te tengo de decir? Que soy, Félix, desdichada, que sin ventura nací.
Félix	No es sin causa esta pasión; fíate, Laura, de mí, 740 que si puedo remediarla lo haré aunque entienda morir. Mil días ha que te veo desconsolada vivir.
Laura	¿Vivir? Si viviera, Félix, no fuera malo.
Félix	¿Es así? ¿Qué tienes, señora mía? Bien me lo puedes decir, que contado el mal, se alivia.
Laura	Es verdad; escucha.
Félix	Di. 750
Laura	Ya conoces a Liseo; pues de aqueste, Félix, fui requebrada y pretendida.
Félix	¿Eso no más?
Laura	¡Ay de mí! Améle.

Félix	¿Pues que le ames por eso pierdes?
Laura	Perdí en amarle, Félix mío, más que piensas.
Félix	Eso di.
Laura	Dióme palabra de esposo y con esto me rendí a entregarle...
Félix	No te pares.
Laura	Dile...
Félix	Prosigue.
Laura	¡Ay de mí! Mi honra le entregué, Félix, joya hermosa, y que nací solo obligada a guardarla, y con esto me perdí cuando pretendió mi amor. Amante y tierno le vi cuanto ahora desdeñoso, pues no se acuerda de mí. Dime, ¿qué será la causa? Que si acaso viene aquí, es cuando luego me dice: «Laura, yo voy a morir.»

760

770

Si ve mis ojos llorosos
y el gusto para morir,
ni me pregunta la causa,
ni la consiente decir.
Cuando le escribo y me quejo
de ver que me trata así   780
no responde; antes se enfada
de verme siempre escribir.
Si busco lugar de darle
el favor que ya le di,
regatea el recibirle
y él queda conmigo aquí.
Dormido anoche en mis brazos
con ansia empezó a decir:
«Marcia y Fenisa me adoran.»
¡Oh, amor, y lo que sentí!   790
Y al fin, asiendo sus manos,
llorando, le estremecí,
diciendo: «Amado Liseo,
mira que estás junto a mí.
Si a Marcia y Fenisa quieres,
mira, ingrato, que por ti
a mí misma me aborrezco
desde el día que te vi».
Respondióme airado: «Laura,
ya no te puedo sufrir.   800
De todo tienes sospechas;
presto quieres ver mi fin».
Esta noche le aguardaba,
Félix; pues no viene aquí,
alguna dama le tiene,
más dichosa que yo fui.
Estos son, Félix, mis males;

aquesto me tiene así
atormentándome el alma
sin descansar ni dormir.   810

Félix   Desa suerte, hermosa Laura,
             muy bien te puedo decir:
             Las tres de la noche han dado,
             mi señora, y no dormís;
             sentid, pues fuistes la causa,
             el dolor que os da a sentir
             aquel corazón de piedra
             cruel, pues os trata así.
             Llorad, bellísimos ojos.

Laura   Mi Félix, harélo así   820
             hasta que acabe la vida,
             que presto será su fin,
             pluguiera al cielo, Liseo,
             dura piedra para mí,
             que fuera el fin de mis días
             el día que yo te vi.
             ¡Piadoso cielo, duélete de mí,
             que amando, aborrecida muero al fin!

(Llora.)

Félix   Baste, mi señora, baste,
             no quieras tratar así   830
             aquesos bellos luceros,
             que aunque yo muera por ti
             en cuanto basten mis fuerzas
             me tienes seguro aquí.
             Suspende tu pena ahora;

acuéstate y fía de mí,
que yo sabré por qué causa
Liseo te trata así;
que la deuda que a tus padres
tengo desde que nací   840
fuera negarla si ahora
te desamparara a ti.
Queda en buen hora, que el cielo
cansado ya de sufrir
te vengará deste ingrato,
que yo le voy a seguir.

Laura   ¡Piadoso cielo, duélete de mí,
                 que amando, aborrecida muero al fin.
(Vase Félix.)   Que muera yo, Liseo, por tus ojos
                 y que gusten tus ojos de matarme;   850
                 que quiera con tus ojos alegrarme
                 y tus ojos me den cien mil enojos.
                 Que rinda yo a tus ojos por despojos
                 mis ojos, y ellos en lugar de amarme
                 pudiendo con sus rayos alumbrarme
                 las flores me convierten en abrojos.
                 Que me maten tus ojos con desdenes,
                 con rigores, con celos, con tibieza,
                 cuando mis ojos por tus ojos mueren.
                 ¡Ay! Dulce ingrato, que en los ojos tiene   860
                 tan grande deslealtad, como belleza,
                 para unos ojos que a tus ojos quieren.

(Vase Laura; con que se da fin a la primera jornada.)

Fin de la primera jornada

Jornada segunda

Marcia	Amar el día, aborrecer el día,
	llamar la noche y despreciarla luego,
	temer el fuego y acercarse el fuego,
	tener a un tiempo pena y alegría.
	Estar juntos valor y cobardía,
	el desprecio cruel y el blando ruego,
	temor valiente, entendimiento ciego,
	atada la razón, libre osadía.
	Buscar lugar donde aliviar los males
	y no querer del mal hacer mudanza,
	desear sin saber qué se desea.
	Tener el gusto y el disgusto iguales
	y todo el bien librado en esperanza,
	si aquesto no es amor, no sé qué sea.
(Sale Belisa.)	¿Búscasme, prima?
Belisa	Una dama
	bizarra y de lindo talle
	te quiere hablar. ¿Quieres dalle
	licencia? Que es de la fama
	y muestra su gallardía
	ser hermosa.
Marcia	Pues, ¿qué quiere?
Belisa	Marcia, hablarte.
Marcia	Sea quien fuere,
	dile que entre, prima mía.

870

880

¿Viene sola?

Belisa   Un escudero,
una silla, mucha seda,
buen brío, y tan cerca queda,
que con su presencia espero
sacarte de confusión.
Entrad, gallarda señora.   890

(Sale Laura con manto.)

Marcia   No sale, prima, el aurora
con tan grande presunción.
¡Buen talle! Seáis bienvenida.

Laura   Y vos, señora. ¡Ay, amor!
Ya el ánimo y la color
tengo de verla, perdida.

Marcia   Parece que se ha turbado,
Belisa, en solo mirarme.

Laura   Marcia hermosa, perdonadme,
que es vuestro talle extremado;   900
me ha turbado, y casi estoy
muerta de amores, en veros.
No hay más bien que conoceros;
dichosa en miraros soy.

Marcia   Para serviros será,
que le haré, así Dios me guarde.

Laura	¿Que tiemblo? ¿Que estoy cobarde?
Marcia	Confusa, Belisa, está.
	Descubríos, que los ojos
	me tienen enamorada.

910

Laura	Solo en el ser desgraciada
	soy hermosa, y si en despojos
	el alma, señora, os doy,
	tomad el rostro también.

Marcia	Hermosa sois.

Laura   No hay más bien
que ver cuando viendo estoy
tal belleza. El cielo os dé
la ventura cual la cara;
si hombre fuera, yo empleara
en vuestra afición mi fe.

920

Laura	Bésoos, señora, las manos.
Marcia	Señora, pues me buscáis,
	razón será que digáis
	quién sois.

Laura   Pues las tres estamos
solas, quien soy os diré
y a lo que vengo.

Marcia   ¿Os llamáis?

Laura	Laura.
Belisa	Con razón tomáis tal nombre, pues ya estaré segura que a Dafne veo hoy en laurel convertida.
Marcia	Laura bella, por mi vida que no tengáis mi deseo.
Laura	Mas confieso, Marcia bella, ¿es esta dama Fenisa?
Marcia	No, Laura, porque es Belisa, mi prima.
Laura	Ya mi amor sella con mis brazos su amistad.
Belisa	Soy vuestra servidora, y a fe que desde esta hora cautiváis mi voluntad.
Laura	Yo la acepto, y porque está suspensa Marcia, os diré a lo que vengo.
Marcia	Estaré atenta. ¡Ay Dios, qué será!
Laura	Sabed, bellísimas primas, cuyos años logre el cielo,

930

940

como nací en esta corte
y es noble mi nacimiento.
Mis padres, que el cielo gozan,
me faltaron a tal tiempo   950
que casi no conocí
a los que vida me dieron.
Quedé niña, sola y rica
con un noble caballero
que tuvo gusto en criarme
por ser de mi madre deudo.
Puso los ojos en mí
un generoso mancebo,
tan galán como alevoso,
desleal y lisonjero;   960
como mi esposo alcanzó
los favores, con que pienso
que si tuve algún valor
sin honra y sin valor quedo.
Cuando entendí que mi amante
trataba de casamiento,
trató, Marcia, de emplearse
en otros cuidados nuevos.
Yo, sintiendo su tibieza
y mi desdicha sintiendo,   970
le hice seguir los pasos
para averiguar mis celos.
A pocos lances hallé
que éste mi tirano dueño,
Nerón cruel que a mi alma
puso como a Roma incendio.
¡Ay, Marcia, supe...!

(Llora.)

Marcia	Pues dilo y deja ese sentimiento.	

Belisa	Ya no sirve enternecerte. Lágrimas viertes, ¿qué es esto?	980

Laura	¿No quieres, divina Marcia, que tema el decir?	

Marcia	¡Ay cielo!	

Belisa	Laura, confusa me tienes. Aquí no te conocemos si es vergüenza.	

Laura	No es vergüenza sino pensar que me pierdo. Solo digo...	

Marcia	Acaba, amiga.	

Laura	Supe, Marcia, que Liseo, que éste es el traidor ingrato que en tal ocasión me ha puesto, te adora a ti. Ésta es la causa por qué temiendo estaba de declararme.	990

Marcia	Laura, si tu sentimiento es ése, puedo jurarte	

que no le he dado a Liseo
favor que no pueda al punto
quitársele. Yo confieso
que le tengo voluntad;
mas, Laura hermosa, sabiendo   1000
que te tiene obligación
desde aquí de amarle dejo,
en mi vida le veré.
¿Eso temes? Ten por cierto
que soy mujer principal
y que aqueste engaño siento.

Laura   Espera amiga que hay más,
que es justo porque tomemos
venganza las dos, que sepas
que este cruel lisonjero   1010
si a mí me desprecia, a ti
te engaña, pues sé por cierto
que ama a Fenisa tu amiga
que a ti te engaña cumpliendo
con traiciones, que Fenisa
es su gusto y pasatiempo.
Desde que sale en Oriente
el rubio señor de Delo
hasta que sale la Luna,
está en su casa Liseo   1020
embebecido, hechizado,
y de muy amante necio.
Bien sé, Marcia, que contigo
era solo pasatiempo
lo que el ingrato trataba,
mas con Fenisa yo pienso

que pasa más que a servirla.
Marcia, dame tu consejo,
que si Liseo se casa
bien ves cuán perdida quedo.   1030
¡Ay bella Marcia!

Marcia   No llores,
que ya he pensado el remedio
tal que he de dar a Fenisa
lo que merece su intento.
Podrás quedarte conmigo.

Laura   Sí, amiga, porque no quiero
vida, hacienda y gusto, honor
si a mi dueño ingrato pierdo;
mas para que con mi honra
pueda cumplir, Marcia, quiero   1040
que digas que eres mi deuda
y que en ese monasterio
me has conocido, y Leonardo,
creyendo ser parentesco,
me dejará que contigo
viva, señora, algún tiempo.

Marcia   Pues, Laura, quítate el manto,
sosiega y éntrate dentro,
que no quiero que te vea
que estás conmigo, Liseo,   1050
y déjame el cargo a mí.

Laura   Déjame besar el suelo
adonde pones las plantas.

Marcia	Alza, amiga, que no quiero
	que gastes tanta humildad,
	que no es razón; mas pensemos
	si Liseo te buscase
	qué has de decir a Liseo.
	Yo le escribiré un papel
	y en él le diré que quiero, 1060
	cansada de sus crueldades,
	ser religiosa, y con esto
	yo sé que su poco amor
	dará lugar a mi enredo.

Marcia	Bien haya tu discreción.
	¿Qué dices, prima?

Belisa	Que pierdo
	el juicio, imaginando
	tal traición, y que si puedo
	le he de quitar a don Juan
	mi antiguo y querido dueño, 1070
	que también le persuadió
	a que no me viese.

Laura	¡Ay cielo!
	¿También tú estás agraviada?

Marcia	Muy fácil está el remedio.
	Procura, prima, que vuelva
	a su posada, deseo
	que fácil será de hacer
	con persuasiones y ruegos.

Vamos, Laura ¡y tal maldad!
Así paga los extremos   1080
de mi voluntad, Fenisa.
Mal haya quien en tal tiempo
tiene amigas.

Belisa   Don Juan viene;
vete, por Dios, que si puedo
he de intentar mi venganza.

Marcia   Vamos, que sus pasos siento.

Laura   La traición en la amistad
puede llamarse este cuento.

(Vanse Marcia y Laura, y queda Belisa sola.)

Belisa   Quien no sabe qué es celos no se alabe
que ha tenido dolor ni descontento,   1090
porque basta un celoso pensamiento
para matar a quien sufrir no sabe.
¡Oh, yugo del amor dulce y suave!
Solo por ti se tiene sufrimiento,
que celos es tirano tan violento
que atemoriza con su aspecto grave.
No sé, amor, cómo el verle no te espanta,
siendo como eres niño y temeroso,
antes le tienes por leal amigo.
Más es sirena que cantando encanta,   1100
que para ti Cupido es amoroso
cuanto cruel y desleal conmigo.
Sea de esto testigo

la crueldad con que me das tormento,
fuego rabioso en que abrasarme siento.
Y si alguno pregunta
de qué son mis desvelos,
le pueden responder que tengo celos.

(Sale don Juan.)

Don Juan   ¿Será preguntar, locura,
a tu divina hermosura,   1110
discretísima Belisa,
si está con Marcia Fenisa?

Belisa   Es tal tu desenvoltura
que no me espanto que a mí
llegues a mostrar que fuiste
quien... con saber que por ti
vivo congojosa y triste
de lo que no merecí.
Que si yo fuera mujer
que a tu ingrato proceder   .1120
hubiera dado el castigo,
no tuvieras, enemigo,
tal libertad y poder.
Por Fenisa me preguntas,
tirano, y no miras juntas
mi ofensa y libertad;
no conoces tu maldad
y mi rigor no barruntas.
Solicitaste mi amor
y cuando de su favor   1130
eras, ingrato, admitido,

me trataste con olvido,
propio pago de traidor.
Mudo estás, tienes razón,
pero ya de tu traición
el cielo y tu infame prenda,
mi agravio y tu olvido venga.   1117

Don Juan   Escucha.

Belisa   ¿Por qué razón?
Si escuchándote perdí
la libertad que era en mí,   1140
libre, exenta y no pechera,
pues ¿por qué quieres que muera
tornándote a escuchar, di?
Déjame, no me detengas,
que aunque no quieres me vengas
tú mismo traidor, de ti.

Don Juan   ¿Pues cómo, señora, así
me tratas?

Belisa   Ya tus arengas
para mí son invenciones.

Don Juan   ¡Oh amor, qué ocasión me pones!   1150
¡Que por mi culpa perdiese
tu gracia!

Belisa   ¡Si yo te viese
tan cercado de pasiones,
enemigo, como estoy!

Mas ¿por qué tan necia soy
que pudiendo yo vengarme,
dejo que torne a engañarme
tu maldad?

Don Juan   Si yo te doy
enojos, Belisa mía,
mátame.

Belisa   Yo, bien querría.   1160

Don Juan   Con tus ojos, pues que soy
su esclavo.

Belisa   ¡Qué hechicería!
Calla, alevoso perjuro,
y no irrites mi venganza,
sino mira tu mudanza
y que con razón procuro
tu muerte.

Don Juan   ¡Qué hermosa estás!
Parece que con enojos
hacen más tus bellos ojos
con que la muerte me das   1170
llevando el alma en despojos.
Mira que muero por ti.

Belisa   ¿Eso me dices así,
cuando adoras a Fenisa,
por quien mi gusto perdí,
y enamoras a Belisa?

Véngueme el cielo de ti;
mas ella te habrá encerrado,
pues mientras tú descuidado
otro sus umbrales pisa   1180
y engaña con falsa risa
a quien a mí me ha engañado.

Don Juan   No sé qué tienen tus ojos
que en esas hermosas niñas
parece que miro el alba
cuando hermosa, crespa y linda
por los balcones de Oriente
nos muestra su hermosa risa.
Fenisa tiene la culpa,
mas si me agravia Fenisa,   1190
vengada quedas, señora,
yo, ofendido como pintas.
Mas dime, ¿quién es el hombre,
solo para que le diga
que solos tus ojos bellos
son los que don Juan estima?

Belisa   Basta, don Juan, que me tienes
por necia, pues que a mí misma
me preguntas esas cosas
y en que las diga porfías.   1200
Hante picado los celos
y quieres por causa mía
vengarte del que te ofende.
Harto donaire sería;
no tienes que preguntarme
ni presumas que me obligas

con tus engaños, pues bastan
tus falsas hechicerías.
Vete con Dios, que me cansas,
que rosas y perlas finas   1210
para Fenisa las guarda
a quien con gusto te inclinas.

Don Juan   ¿Por qué te vas desa suerte?
¡Aguarda, señora mía,
fénix, cielo, primavera,
cuando Abril sus campos pisa!
Accidente fue el querer
a esa mujer; mi desdicha
me obligó a tales locuras,
mas ya el alma arrepentida,   1220
a ti, que es su centro, vuelve.

Belisa   Tente, don Juan, no prosigas,
que parece que es verdad
tus palabras, y es mentira,
y podrá ser que me venzas,
que la mujer más altiva
rendirá fuertes de honor
si acaso escucha caricia.
Goza tu prenda, que es justo,
que ella misma te castiga,   1230
pues te paga con engaños
la verdad con que la estimas.

Don Juan   Si a Fenisa no aborrezco,
aquí se acabe mi vida,
aquí me destruya un rayo,

aquí el cielo me persiga,
aquí me mate mi amigo,
y con esta espada misma,
y aquí me desprecies tú,
y aquí me quiera Fenisa.   1240
Dame de amiga la mano,
rosa hermosa, clavellina,
y te la daré de esposo
a tus plantas, de rodillas.

Belisa   ¿Cómo te podrá creer
quien teme que tu malicia,
como primero, me engaña?

Don Juan   No digas eso, Belisa.

Belisa   ¡Ay, mi don Juan, que en mirarte
casi me tienes rendida!   1250

Don Juan   Amor te doy por fiador
y a tu hermosura divina.

Belisa   ¿Qué me dices, pensamiento?
¿Qué pides, afición mía?
¿Qué me dices, voluntad,
que parece que te inclinas,
porque al fin todas las cosas
vuelven a lo que solían?
Los ojos se van tras ti,
la boca a decir se inclina,   1260
mi don Juan, que yo soy tuya
mientras yo tuviere vida.

Don Juan	Por este favor te beso las manos, prenda querida. Vamos, mi señora, adentro, que quiero ver a tu prima.
Belisa	Vamos, que ya estoy vengada.
Don Juan	¿Contenta estás?
Belisa	Así vivas los años que yo deseo, como temo tus mentiras. 1270 Mas porque Fenisa pierda la gloria que en ti tenía, vuelvo de nuevo a engolfarme.
Don Juan	No más engaños, Fenisa. *Vanse, y salen Liseo y León.*
León	Cansada Laura ya de tus tibiezas, quiere escoger tan recoleta vida, aborreciendo el mundo y sus grandezas.
Liseo	Es Marcia de mi amor prenda querida y Fenisa adorada en tal manera, que está mi voluntad loca y perdida. 1280 Laura ya no es mujer, es una fiera; Marcia es un ángel, mi Fenisa diosa; éstas vivan, León, y Laura muera. Marcia está a mis requiebros amorosa; Fenisa a mi afición está rendida.

Marcia será, León, mi amada esposa.

León   ¡Bueno eres para turco! ¡Linda vida
si con media docena te casaras!

Liseo   Marcia en eso será la preferida;
tiene hermosura y perfecciones raras: 1290
su hacienda, su nobleza, su hermosura,
su raro entendimiento.

León   Y no reparas
ya, señor, que de Laura no te acuerdas?
¿Cómo Fenisa tiene tal locura,
que piensa ser tu esposa?

Liseo   No me pierdas
el respeto, borracho, y me des ira!
¡Lindo, por Dios, qué bien templadas cuerdas!
León, si yo a Fenisa galanteo,
es con engaños, burlas y mentiras,
no más de por cumplir con mi deseo,   1300
a sola Marcia mi nobleza aspira;
ella ha de ser mi esposa, que Fenisa
es burla.

León   Acaba, y ese papel mira.

Liseo   ¿Qué he de verle, León, si en él me avisa
las cansadas quimeras con que suele?

León   Tu condición, por Dios, me mueve a risa.
¡Que te tenga apetito desa suerte!

Liseo	Papel, ¡solo en mirarte me das muerte!
(Lee.)	Cansada de sufrir tus sinrazones y viendo que ya
	en ellas no habrá enmienda, estoy determinada a
	cerrar los ojos al mundo y abrirlos para Dios, y
	así hoy me voy a un monasterio, fuera de la corte,
	para dejar que goces en ella tus nuevos empleos
	y estorbar que lleguen a tus oídos nuevas de mi
	nombre, ni a los míos las de tu libertad.

León   Laura escoge lo mejor.
                     ¡Vive el cielo, que en el alma   1310
                     siento, señor, sus desdichas
                     nacidas de tu mudanza.

Liseo   Pues yo, León, olvidado,
                     por su condición pesada,
                     de la obligación que tengo,
                     sus penas estimo en nada.
                     Viva mi amada Fenisa,
                     estime mis penas Marcia
                     y haga de sí lo que dice
                     la ya aborrecida Laura.   1320
                     No haya miedo que la estorbe
                     elección tan justa y santa,
                     que fuera delito feo;
                     hoy para conmigo acaba,
                     y así este papel y ella
                     quedarán por esta causa
                     borrados de mi memoria,
                     como escritos en el agua.

(Rompe.)

León   ¡Tente, señor, por tu vida!

Liseo   ¡Majadero, allá te aparta!

León   ¡Pues por esta niñería
        me das aquesta puñada!
        ¿No digo yo que tus manos
        son dadivosas y francas
        para puñadas y coces?

Fenisa ¿Es acaso de la dama?
        Si será ¡tanta crueldad!
        ¡Así sus favores rasgas!
        Coge, León, los pedazos.

León   Solo aquesto me faltaba   1340
        de la ración. ¿Es por Dios
        la cuenta, barba borrasca?
        Alterado sale el mar,
        tormenta nos amenaza.

Fenisa Fino alcahuete sois vos.

León   ¿En qué te ofenden mis barbas
        que así a mesarlas te atreves?
        ¿He de pagar yo tu rabia?
        Malhaya el lacayo, amén,
        cuando en tal oficio anda,   1350
        para escusar estas fiestas,
        como fraile no se rapa.

Fenisa	¡Cuánto diera vuesarced porque al salir se cegaran mis ojos y no le vieran!
Liseo	Basta, mi Fenisa, basta. No te enojes, que por ti, por tu hermosura y tus gracias, hoy papel y dueño mueren.
Fenisa	¡Aparta, cruel, aparta! 1360 Parida leona soy cuando sus hijos le faltan; pues es Marcia la que estimas, déjame, y vete con Marcia.
Liseo	¡Ah Circe!; ¡ah fiera Medea! Más que Anajareta ingrata, deja a Marcia, no la culpes, pues que no ha sido la causa. Coge, ingrata, los pedazos y en ellos verás que Laura, 1370 mujer que no la merezco ni con ninguna se iguala, cansada de mis tibiezas y de mi rigor cansada, me dice que a Dios escoge y de mi rigor se aparta y a servirle en un convento del mundo engañoso escapa, valiéndose en tal sagrado del rigor con que la tratas; 1380 que tú eres la causa desto y de que yo mi palabra

quiebre a Dios, a Laura, al mundo.

León   ¡Pobre León! Y cual andas
mojicón y remezones
sin respetar a mi cara.
Eso sí, escupamos muelas.
Déte Dios tan buenas pascuas
como regalos me das
servida aquesta tarasca,   1390
guardando la calle al tonto
a quien la fingida engaña.

Fenisa   ¿Que habláis, pícaro, entre dientes?
Amiga soy yo de gracias.

León   Mejor dijera entre muelas,
pues ya me has quitado tantas.
Una, dos, ¡por Jesucristo!,
que ya cincuenta me faltan.
Mete los dedos, verás
que está la boca sin nada.   1400

Fenisa   Llegad, pues, a fe que os rompa
las muelas y las quijadas.

León   ¡Ah, triste de ti, León!
Desde hoy comeremos gachas,
señores. ¿Saben si acaso,
pues hay quien encubra calvas,
habrá quien adobe muelas?

Liseo   ¿Qué es esto, Fenisa amada,
no merezco que me creas?

León	¡Ay, muelas de mis entrañas!	1410
	¡Ay, quijadas de mis ojos!	
Liseo	¿Qué es esto, mi bien, no hablas,	
	no basta lo que he jurado?	
	Acaba, no seas pesada.	
Fenisa	Por fuerza habré de creer.	
León	No hayas miedo que se vaya,	
	que es doctor que dice no	
	y luego la mano alarga.	
Fenisa	Véncenme al fin tus porfías.	
León	¡Gracias a Dios!	
Liseo	No te cansas	1420
	de matarme, pues tus ojos	
	con su belleza me matan.	
León	Pluguiera a Dios te murieras	
	y que el diablo te llevara.	
	Ved aquí, ya están en paz,	
	y yo cual niño que mama.	
	Así medran los terceros,	
	de esta suerte me regalan;	
	mal haya, amén, el oficio.	
Fenisa	¡Qué tibiamente me abrazas!	1430
	¿Estás también enojado?	

Liseo	¡Ah, sirena, cómo encantas!
León	Pues a fe que yo no llegue, que eres de mano pesada.
Liseo	Tiénesme muy ofendido, y así en tus brazos desmaya el amor; mas estoy loco.
León	Mal haya quien no te ata.
Fenisa	¿Somos amigos?
Liseo	¿Pues no?
Fenisa	¿Y Marcia?
Liseo	Deja ahora a Marcia.

1440

Fenisa	¿Y a Laura?
Liseo	Por Dios, señora, si la nombras que me vaya.
León	¿Hay borrachera como ésta? Entre muelas derribadas retozando está la risa. ¡Qué de ternezas que gastas!
Fenisa	Esta noche voy al prado, allá, Liseo, me aguarda.

Liseo	¿Dónde?

Fenisa	A la huerta del duque me hallarás, mi bien, sentada.	1450

Liseo	En Santa Cruz hay gran fiesta.

Fenisa	Pues veréla de pasada. Vete, porque la merienda a prevenirla me llama.

Liseo	Adiós, dulce dueño mío.

Fenisa	Adiós, señor de mi alma.

León	Adiós, diablo arañador y engarrafadora gata. Cata la cruz, guarda afuera, no vuelvo más a esta casa aunque mirando a la cea zura mala, en piedra caigas.	1460

(Vanse Liseo y León.)

Fenisa	Gallarda condición, Cupido, tengo, muchos amantes en mi alma caben, mi nuevo amartelar todos alaben guardando la opinión que yo mantengo. Hombres, así vuestros engaños vengo; guardémonos de necias que no saben, aunque más su firmeza menoscaben, entretenerse como me entretengo.	1470

Si un amante se ausenta, enoja o muere,
no ha de quedar la voluntad baldía,
porque es la ociosidad muy civil cosa.
Mal haya la que solo un hombre quiere,
que tener uno solo es cobardía;
naturaleza es vana y es hermosa.

(Sale Lucía, criada.)

Lucía	Gerardo está allá fuera y quiere hablarte, y Lauro ha más de una hora que te aguarda.
Fenisa	Sean muy bienvenidos. Di, Lucía, que entre Gerardo y me aguarde Lauro. 1480
Lucía	¿Tanto estimas la vista de los hombres?
Fenisa	Solo porque me aguardan. ¿No te digo, Lucia, lo que estimo su presencia? Anda, no aguarden, di a Gerardo que entre.
Lucía	Notable condición, señora, tienes; ¿mas no te he dicho cómo cuando estabas hablando con Liseo, vino Celia, la criada de Marcia?
Fenisa	Y bien, ¿qué dijo?
Lucía	Saber la causa por qué estás extraña en visitarla.
Fenisa	No me espanto deso; 1490

bien parece, Lucía, que la ofendo,
pues nunca he vuelto a verla desde el día
que le quité a Liseo.

Lucía   Mal has hecho;
mucho disimularas si la vieras.

Fenisa   ¿No tengo cara para ver su cara?
Demás de esto, Liseo me ha mandado
que cuanto pueda su visita excuse.
¿Qué le dijiste a Celia?

Lucía   Que dormías
la siesta y que más tarde te vería.

Fenisa   Dijiste bien; pues ¿cómo no ha venido   1500
don Juan desde anteanoche?

Lucía   Si está malo.

Fenisa   ¡Bien puede ser, irás a visitarle,
mas no esta noche, bastará mañana,
que me quiero ir al Prado aquesta noche.

Lucía   Sea como mandares. Bravamente
entretienes tu gusto.

Fenisa   Es linda cosa;
los amantes, Lucía, han de ser muchos.

Lucía   Así decía mi agüela, que Dios haya,
que habían de ser en número infinitos,

	tantos como los ajos que poniendo	1510
	muchos en un mortero reunidos	
	salte aquel que saltare, que otros quedan,	
	que si se va o se muere nunca falte.	

Fenisa	Brava comparación. Llama a Gerardo,	
	que si puedo he de hacerle mi cofrade,	
	sin que Lauro se escape de lo mismo.	
	¿En qué parara, amor, tan loco embuste?	
	Diez amantes me adoran, y yo a todos	
	los adoro, los quiero, los estimo,	
	y todos juntos en mi alma caben	1520
	aunque Liseo como rey reside.	
	Estos llamen desde hoy, quien los supiere	
	los mandamientos de la gran Fenisa,	
	tan bien guardados que en ninguno peca,	
	pues a todos los amas y los adora.	

Lucía	Entrad, que aquí os aguarda mi señora.

(Entra Gerardo.)

Gerardo	Alma de aquella alma ingrata	
	que en penas mi alma tiene,	
	a ti me vengo a quejar,	
	si de mi dolor te dueles;	1530
	a ti, estrella de aquel Sol,	
	a ti, pues su amiga eres,	
	pido que a mi Marcia ingrata	
	mi fiero dolor le cuentes;	
	a ti, Fenisa, que miras	
	contino su rostro alegre,	

porque a mí no quiere oírme,
a ti, que tanto te quiere,
te escuchará más piadosa.

Fenisa   Enternecida me tienes.   1540
Conoces que Marcia ingrata
disgusto recibe en verte
y que en otro gusto ha puesto
el gusto que a ti te debe;
sabes que a Liseo adora
y con él casarse quiere,
y tú pasas a su causa
esa pasión que encareces.
Mil veces, Gerardo, he dicho,
y tú escucharme no quieres,   1550
que padezco por tu causa
lo que por Marcia padeces,
y por esos ojos juro
adorarte si me quieres,
regalarte si me estimas.
Mirar por tu gusto siempre;
que decirle yo a esa ingrata
que tu cuidado remedie,
es pedir al Sol tinieblas,
luz a las tinieblas fuertes.   1560
Yo te quiero, señor mío.
¿Por qué, mi bien, no pretendes
olvidarla, y de mi amor
recibir lo que te ofrece?
Sea, mi Gerardo, yo
el templo santo a do cuelgues
la cadena con que escapas

de prisiones tan crueles.
¡Acaba, dame esos brazos!

Gerardo   ¡Calla, lengua de serpiente!   1570
           ¡Calla, amiga destos tiempos!
           ¡Calla, desleal, y advierte
           que he de adorar a aquel ángel!
           Jamás mi fe se arrepiente
           de un ángel, de un serafín.
           ¿Con aquesa lengua aleve
           osas hablar, y yo escucho
           tal sin cortarla mil veces?
           Por ser mujer Marcia bella
           y deber a las mujeres,   1580
           solo por ellas respeto,
           será mejor que te deje.

Fenisa   ¡Gerardo, Gerardo, escucha!
           ¡Óyeme, señor, y vuelve,
           que con aquesas injurias
           amartelada me tienes!

Lucía   Señora, ¿por qué haces esto,
           y sin mirar lo que pierdes?

Fenisa   Tienes razón. ¡Ay, Lucía,
           enredo notable es éste!   1590
           ¡Traición en tanta amistad!
           Mas, discurso sabio, ¡tente,
           que no hay gloria como andar
           engañando pisaverdes!

Lucía	Mira que Laura te aguarda.
Félix	Vamos.
Lucía	Temeraria eres.
Fenisa	Calla, que en esto he de ser extremo de las mujeres.

(Vanse, y salen Marcia, Belisa y Laura.)

Marcia	¡Bravos sucesos, prima, por mi vida!	
Belisa	Y tales, que parecen que las fábulas	1600
	del fabuloso Esopo se han venido;	
	Liseo, que mis partes pretendía	
	en la mar de Fenicia sumergido,	
	debiendo a Laura su nobleza y honra.	
	Déjalo estar, que si mi poder basta...	
Laura	¡Ay, Marcia! ¡Ay, mi señora, mi mal mira!	
Marcia	¡Calla, amiga, no llores! ¡Calla, amiga,	
	no has de quedar perdida si yo puedo.	
Belisa	De don Juan, a lo menos, tú no dudes,	
	que si quiero casarme aquesta noche	1610
	ajustara su gusto con el mío.	
Marcia	¿Ya tan grato le tienes?	
Félix	Bueno es eso.	

Belisa	Dice que ya me adora y que reniega
	del tiempo que Fenisa y sus engaños
	le tuvieron tan ciego.
Marcia	Al fin te quiere.
Belisa	Me adora, me requiebra y pide humilde
	le perdone el delito cometido
	contra el amor que a mi firmeza debe.
Laura	Dichosa tú que tal ventura alcanzas.
Félix	Yo espero que has de ser también dichosa. 1620
Marcia	Mucho gusto me has dado; así yo viera,
	pues don Juan te merece que le quieras,
	para que cuando Laura con Liseo
	se casen, tú y don Juan hagáis lo mismo.
Laura	Basta, que piensa mi cruel Liseo
	que eres tú, bella Marcia, la que hablas
	cada noche en la reja.
Marcia	Yo te juro
	que él caiga de tal suerte, si yo puedo,
	que en lazo estrecho de Liseo goces.
	Ya te digo, Belisa, a don Juan ama. 1630
Belisa	Prima, don Juan fue siempre de mi gusto,
	y así es fuerza que siga tras mi estrella.

Marcia	¿Sabes, prima, que siento y que me tiene
	cuidadosa de ver que no parece
	el discreto Gerardo, que te juro
	que me siento en extremo descontenta?
	Porque viendo, Belisa, los engaños
	de los hombres de ahora, y conociendo
	que ha siete años que este mozo noble
	me quiera sin que fuerza de desdenes 1640
	hayan quitado su afición tan firme,
	ya como amor su lance había hecho
	en mi alma en Liseo transformada,
	conociendo su engaño, en lugar suyo
	aposento a Gerardo, y así tiene
	el lugar que merece acá en mi idea.

| Belisa | ¡Oh, prima mía! ¡Oh, mi señora! Dadme |
| | en nombre de Gerardo los pies tuyos. |

| Laura | El parabién te doy, divina Marcia. |

Marcia	Alza del suelo, mi querida prima, 1650
	y cree que Gerardo está en mi alma.
	Toma a tu cargo el que te busque y dile
	que ya el amor, doliéndole su pena,
	quiere darle el laurel de su victoria,
	y que el laurel es Marcia. Vamos, Laura.

| Laura | Vamos, señora mía, y quiera el cielo |
| | que goces de Gerardo muchos años. |

| Marcia | Esos vivas, amiga, con Liseo. |

(Vanse.)

Belisa   Dichoso dueño de tu nuevo empleo,
                gracias, amor, a tus aras,   1660
                a tu templo, a tu grandeza,
                a tu divina hermosura,
                a tus doradas saetas,
                pues ya Marcia de Gerardo
                estima las nobles prendas.
                ¿Hay tal bien? ¿Hay tal ventura?

(Sale don Juan.)

Don Juan   Mi bien, mi ventura sea
                ver, mi Belisa, tus ojos
                en cuyas niñas risueñas
                vengo a gozar de mi gloria.   1670

Belisa   Don Juan, bienvenido seas.
                ¿Cómo estás?

Don Juan   Como tu esclavo.

Belisa   ¿Y cómo estoy?

Don Juan   Como reina
                de mi alma y de mi vida
                y de todas mis potencias.

Belisa   Y Fenisa, mi señora,
                ¿no me dirás cómo queda?

Don Juan	Sí, amores, que a tu pregunta
	es muy justo dar respuesta.
	Habrá, mi Belisa, una hora	1680
	que estando en mi casa, llega
	Lucía que de Fenisa
	sabes que es fiel mensajera,
	a decirme que en el Prado
	en medio de su alameda
	su señora me aguardaba,
	que allí me llegase a verla;
	yo fui, no por ofenderte,
	sino solo porque seas
	de todo punto mi dueño,	1690
	que aun faltaba esta fineza.
	Apenas vi las murallas
	de la celebrada huerta
	que hizo a la real Margarita
	el noble duque de Lerma,
	cuando vide, mi Belisa,
	con Fenisa, esa Medea,
	a Lauro, aquese mancebo
	que con Liseo pasea.
	Como ya el señor de Delfos	1700
	daba fin a su carrera
	y la Luna sale tarde,
	pude llegarme bien cerca.
	Oíles dos mil amores
	y de sus palabras tiernas
	conocí amor en el uno
	y en la otra falsas tretas.
	Quise llegar; no son celos,
	mi Belisa, sino tenia

mas estorbólo Liseo   1710
que venía en busca de ella
y con él venía León
y sacando la merienda
merendaron, viendo yo
hacerse dos mil finezas.
Ellos eran tres, yo solo,
y así estar quedo fue fuerza
si bien el color andaba
riñendo con la paciencia.
Como digo, merendaron   1720
y poco a poco dan vuelta
ellos en su compañía,
yo en su retaguardia della.
Antes que a casa llegasen,
veinte pasos de su puerta
los despidió, que su madre
siempre por coco la enseña.
Asi a la calva el copete
y fingiéndole ternezas
llegué diciendo: «Fenisa,   1730
vengas muy enhorabuena».
Fuéme a decir «mi don Juan».
Yo entonces la mano puesta
en la daga, quise darle.

Belisa   Alma y corazón me tiembla.
                ¿Dístela?

Don Juan   Túvome el brazo
                conocer que era mi prenda
                y que te han de dar la culpa

78

sin que tú la culpa tengas.

Belisa   Bien hiciste, que es crueldad;   1740
           y a las mujeres de prendas
           les basta para castigo
           no hacer, don Juan, caso de ellas.

Don Juan   Dejé sangrientas venganzas
           y para mayor afrenta
           con la mano, de su cara
           saqué por fuerza vergüenza,
           diciendo: así se castigan
           a las mujeres que intentan
           desatinos semejantes   1750
           y que a los hombres enredan.
           Y siguiendo tras Liseo
           le hallé y metí en una iglesia
           y le conté este suceso
           con razones bien resueltas.
           Esto ha pasado, señora,
           y pues ya Fenisa queda
           como merece pagada,
           seré tuyo hasta que muera.

Belisa   ¿Es posible que esto has hecho?   1760
           Es mujer al fin; me pesa.
           Que no hiciera estas locuras
           mi Don Juan, si se entendiera.
           Don Juan, ninguna mujer,
           si se tiene por discreta,
           pone en opinión su honor
           siendo joya que se quiebra.

Don Juan	Pues si lo fuera Fenisa	
	esos engaños no hiciera,	
	pues al fin pone su fama	1770
	en notables contingencias.	
	Nunca me quiso creer,	
	siempre dije que no es buena	
	la fama con opiniones;	
	a su condición paciencia.	

Belisa	Ya es hecho y por los deseos	
	con que por vengarme fuerzas	
	el amor que la tuviste,	
	darte mil mundos quisiera;	
	mas pues soy pequeño mundo	1780
	corona dél tu cabeza,	
	que con darte aquesta mano	
	soy tuya.	

Don Juan	Gloria como ésta	
	solo con Marcia es razón	
	que se goce.	

Belisa	Y será prueba	
	del oro de tu afición	
	de mi prima la presencia,	
	y contarásle ese cuento	
	que con donaire le cuentas.	

Don Juan	Tú me prestas de los tuyos;	1790
	vamos, Belisa.	

Belisa   Quisiera
          que buscaras a Gerardo
          porque mi prima desea
          tratar con él ciertas cosas
          de importancia.

Don Juan   Mi bien, entra
          y diráse por los dos
          lo de César darlo a César.

          Fin de la segunda jornada

Jornada tercera

(Sale Félix.)

Félix   ¿No sabes lo que pasa?

Laura   ¡Ay, Félix mío!
El corazón y el alma me has turbado,
que en tu cara te veo que las nuevas
que me vienes a dar no son de gusto.

Félix   Se ha casado con Fenisa.   1840

Laura   ¡Ay de mí desdichada! ¡Ay de mí triste!
Esta sopecha misma es la que siempre
me atormentaba el alma.

Félix   Desmayóse.
¡Ah, Laura! ¡Ah, mi señora! Celia, Claudia,
llamad a Marcia presto, que se muere
la desdichada Laura.

(Sale Belisa.)

Belisa   ¿Qué es esto, Félix? Laura, Laura mía.

Laura   ¡Ay, Belisa!

Belisa   ¿Qué tienes?

Laura   Muerte, rabia,

cuidados, ansias y tormentos, celos,
cuyo dolor por solo que se acabe   1850
será pasarme el pecho el más piadoso
remedio. ¡Ay, mi Belisa! ¡Ay, que se acaba
la mal lograda vida que poseo!

Belisa   ¿Qué tiene Laura, Félix?

Félix   ¿Ya no dice
que tiene celos, cuyo mal rabioso
causa esas bascas, como al fin veneno?

Belisa   ¿Celos? Acaba, dímelo.

Félix   Ha sabido
que Fenisa y Liseo anoche fueron
a tomarse las manos a la audiencia
del vicario.

Belisa   ¡Jesús, y qué mentira!   1860
Eso no puede ser. ¿No sabes, Laura,
lo que pasó a Fenisa con Liseo
y don Juan? No lo creas. Calla, amiga.

Laura   ¡Ay, Belisa del alma! ¡Ay, que me acabo!

Belisa   No llores, no maltrates esos ojos,
guárdalos para ver a tu Liseo
en tus brazos, pues ha de ser tu esposo.

(Sale Gerardo.)

Gerardo	¿Está mi Marcia aquí?
Belisa	Señor Gerardo, seáis muy bienvenido. Vamos, Laura, y llamaré a mi prima.
Laura	¡Ay, santos cielos, 1870 qué rabioso mal es el de celos! Vanse Laura y Belisa, y sale Marcia.
Gerardo	Dueña del alma mía, a darme gloria bienvenida seas; de mi gusto alegría, prenda del corazón que ya hermoseas, hermosísimos ojos más bellos que los rayos del Sol rojos, goce yo de tus brazos ceñir mi cuello tan dichosos lazos.
Marcia	Dulce Gerardo amado, 1880 del alma gusto y de mi gusto empleo, pues tan dichosa he estado gozo teniendo en ti todo el deseo. Con mis brazos recibo el cuerpo amado en quien por alma vivo, y tan eternos sean como las almas de los dos desean.
Gerardo	Este bien que poseo teme perderle mi contraria suerte, y así, mi bien, deseo 1890 que estando como estoy venga la muerte,

pues muriera dichoso
entre mis brazos este cuerpo hermoso.
¡Ay, divina señora!
Tus pasados rigores temo agora.

Marcia   Si por haberte sido
              en los tiempos pasados rigurosa,
              te temes de mi olvido,
              no señor, ya mi bien es otra cosa.
              Ya conozco que gano   1900
              en darte como esposa aquesta mano;
              no temas más enojos.

Gerardo   Alza a mirarme aquesos dulces ojos;
              haga eterno los cielos,
              esposa amada, este dichoso lazo,
              no le adelgace celos
              ni le rompa el mortal y duro plazo.

Marcia   Yo la que gano he sido.

Gerardo   Yo, mi bien, en ser de ti querido.

Marcia   Venturosos amores.   1910

Gerardo   Yo lo soy en gozar estos favores.
              Si mil almas tuviera,
              todas, dulce señora, en ti empleara;
              si rey del mundo fuera,
              el cetro y la corona te entregara;
              si fuera justa cosa,
              mi diosa fuera mi querida esposa.

Quisiera ser Homero
para cantar que por amarte muero.

Marcia   Para solo mirarte,   1920
quisiera de Argos los volantes ojos.

Gerardo   Yo para regalarte
y darte de riqueza mil despojos,
ya que tal bien poseo,
que el oro fuera igual a mi deseo.

Marcia   Pues yo ser Sol quisiera
para darte los rayos de mi esfera;
de todo ser señora,
para hacerte de todo rico dueño;
por recrearte, aurora.   1930

Gerardo   Yo para darte gusto mi fe empeño,
dulce amor, que quisiera
ser la fértil y hermosa primavera,
tierra para tenerte,
y cielo, para siempre poseerte.

(Sale Félix.)

Félix   A llamarte me envía,
divina Laura, Marcia mi señora,
porque hablarte quería,
que de venir Liseo es ya la hora.

Marcia   Vamos, Gerardo amado,   1940
remediemos a Laura su cuidado.

Félix	Fortuna, estate queda
	y no des vuelta a tu inconstante rueda.
	Vanse, y sale Liseo.

Liseo	Vengativo eres, amor,	
	no hay quien contra ti se atreva,	
	desdichado del que prueba	
	de tu venganza y furor.	
	Dejé a Laura que me amaba,	
	traté a Marcia con engaño	
	y todo sale en mi daño,	1950
	pues ya mi fingir se acaba,	
	pues Fenisa, más ingrata	
	que Medusa y más cruel,	
	aprieta tanto el cordel	
	con tal rigor me mata.	
	¡Oh, Laura! Tus maldiciones	
	me alcancen, pues sin razón	
	traté tan mal tu afición,	
	olvidando obligaciones.	
	¡Ay, Fenisa fementida,	1960
	mas taimada y embustera!	
	¡Oh, si Marcia lo supiera,	
	te castigara, atrevida!	
	¡Con qué gusto me engañaba!	
	¿Hay más extraño fingir?	
	Casi me mueve a reír	
	ver el engaño en que estaba.	
	Si Laura no hubiera dado	
	santo fin a su afición,	
	cumpliera mi obligación	1970

a su firmeza obligado.
Ya, pues Laura se acabó,
será Marcia mi mujer,
cuyo entendimiento y ser
con extremo me agradó;
el reloj da; doce son.
En cuidado me ha metido
viendo cómo no ha salido
a esta hora a su balcón;
mas, ¿si sabe alguna cosa?   1980
Que ya me ha dicho Fenisa
que don Juan ama a Belisa,
de mi Marcia prima hermosa;
mas ya veo en el balcón
que mi Sol hermoso sale.
Alma, adelántate y dale
nuevamente el corazón.

(Salen a la ventana Marcia y Laura, y Marcia finge ser Belisa.)

Marcia   Ten ánimo, prima amada,
              deja esos cansados celos,
              que antes de mucho los cielos   1990
              te harán de todo vengada.

Laura   ¡Ay, Marcia!

Marcia   Jesús, ¿qué dices?
              Belisa me has de llamar.

Laura   Estoy tan triste que hablar
              no puedo.

Marcia	Mucho desdices
	de quien eres. ¿Qué es aquesto?
Liseo	Marcia mía, ¿cómo estás?
	Habla, mi bien, que jamás
	en tal confusión me has puesto.
	¿Qué es esto? ¿Callando quieres 2000
	aumentar más mi cuidado?
Marcia	Lisonjas has estudiado;
	bien lo dices, lindo eres.
	A Marcia habemos tenido
	por saber cierto cuidado
	tuyo, que lástima ha dado
	verla una hora sin sentido.
Liseo	¿Cuidado mío, Belisa,
	cuándo el alma vive en ti?
(Aparte.)	(¡Ay Dios! Si sabe, ¡ay de mí! 2010
	la voluntad de Fenisa;
	matarme será favor
	en desdichas semejantes.)
Marcia	Nunca matan los amantes,
	que es padre piadoso amor.
Liseo	Marcia mía, ¿qué pretende
	tu crueldad? Dime tu pena,
	que mi voluntad y espada
	sabrán vengarte.
Marcia	No enfada,

| | que es padre que al hijo ofende. | 2024 |

Laura   Cansada barca mía,
pues ya a seguirte la tormenta empieza
y tan sin alegría
surcando vas por mares de tristeza,
despídete del puerto
en quien pensaste descansar muy cierto
y dile «adiós, ingrato»
que no puedo sufrir tu falso trato;
de tus falsos engaños
me alejo, desleal, no quiero verte,   2030
y en la flor de mis años
quiero rendirme a la temprana muerte.
Sigue tras tus antojos
por quien son ríos de llorar mis ojos,
que yo pienso dejarte
y recogerme a más segura parte.
Tirano, no son celos,
aunque pudiera dármelos Fenisa;
no quiero mas desvelos.
Vamos, prima, de aquí. Vamos, Belisa.   2040

Liseo   Marcia divina, escucha.

Laura   No puedo, falso, que mi pena es mucha.

Liseo   Así tus años goces
que no te aflijas, llores, ni des voces.

Laura   Cierra esa infame boca
que no es quimera, no, traidor, mi queja.

Marcia	Está de pena loca.
	Prima querida, esas razones deja;
	basta, por vida mía.

Laura	Déjame, prima; aparte te desvía.	2050

Liseo	Ea, mi cielo, acaba,
	que miente quien te ha dicho que la amaba.

Laura	Aquesa ingrata veas
	hacer favores a quien más te ofende;
	de ella olvidado seas.

Liseo	Hermosa Marcia, mi disculpa entiende.

Laura	Y cuando más te quiera,	
	muerte cruel entre tus brazos muera,	
	y si es aborrecida	
	en tu poder alcance larga vida.	2060

(Vase.)

Liseo	Tenla, hermosa Belisa.

Marcia	No la puedo tener, que va furiosa.

Liseo	¡Oh, mal hayas, Fenisa,
	que así estorbes mi suerte venturosa!

Marcia	Bien dijo quien decía
	mal haya la mujer que en hombres fía.

Liseo	Belisa, mortal quedo.

Marcia   ¿En qué vendrá a parar tan loco enredo?
Una mujer celosa
es peor que la víbora irritada   2070
pero haz una cosa
si quieres que yo pueda confiada
tratar aquestas paces
y decirla el favor que tú la haces;
promete ser su esposo
y amansarás su rostro desdeñoso,
en un papel firmado
en que diga: prometo yo, Liseo,
por dejar confirmado
con mi amor y firmeza mi deseo   2080
ser, señora, tu esposo,
pena de que me llamen alevoso;
con que podré segura
hacer por ti lo que mi amor procura.

Liseo   Sí hiciera, ¿más ahora
cómo podré escribir eso que pides?
Da una traza, señora,
pues tu favor con mis deseos mides.

Marcia   Allégate a la puerta,
que por servirte al punto será abierta;   2090
enviaréte un criado
mientras veo si Marcia se enternece,
y te dará recado
para que escribas, pues tu suerte ofrece
que dichoso poseas

en matrimonio la que más deseas.

Liseo   Ves, señora, al momento,
que no me da mi pena sufrimiento.

(Vase Marcia y sale León.)

León   ¡Gracias a Dios que te hallo!
Por Dios, que vengo molido.   2100
¿Hay quien me socorra acaso
con algún trago de vino?
Sudando estoy, ¿no me ves?
Tienta, que por Jesucristo
que no he parado esta tarde,
buscándote, señor mío.
¡Válgame Dios lo que anduve!
No he dejado ¡por Dios vivo!
tabernas ni bodegones
donde no entrase mohíno.   2110
Preguntaba en las despensas:
¿señores, acaso han visto
entre los cueros honrados
un amo que yo he tenido?
Llegué a casa de Fenisa
y halléla con tanto hocico,
tanto, que en solo mirarla
dos muelas se me han caído,
que estas solas me quedaron
de cuando que estás mohíno.   2120
Parece que no te agrado
con estas cosas que digo.
No me habló y llegué a Lucía,

antiguo cuidado mío,
y miróme carituerta
y con el rostro torcido.
Al cabo de mil preguntas
muy enojada me dijo
que don Juan a su señora...
¿Has el suceso sabido?   2130
También estás enojado;
si quieres al atrevido
que entre los dos le paguemos
el merecido castigo.
Vamos, que yo le daré,
pues hizo tal desatino,
lo que merece; ¿hay tal cosa?
¡Miren qué ceño maldito!
¿Acábase el mundo, acaso
es venido el Anticristo?   2140
Que vive Dios que pareces
hoy al miércoles corvillo.
¡Jesús mil veces! ¿Hay tal?
¿Has el juicio perdido?
¿Qué tienes?

Liseo   ¡Ay, mi León!

León   ¡Ay, Jesús, y qué suspiro!
            Dios me ha hecho mil mercedes
            de estar en la calle!

Liseo   Amigo,
            ¿por qué causa? Que la casa
            con él se hubiera caído.   2150

León	¿Qué tienes? ¿Has hecho acaso
	algún terrible delito?
	¿Búscate algún alguacil?
	¿Viene el Día del Juicio?
Liseo	¡Ay, León! ¡Ay, fiel criado!
	Muerto soy, yo soy perdido.

León   ¡Ay, señor de mis entrañas!
Que me has quitado el sentido,
perdídonos. Que estás
muerto; yo te veo vivo.   2160
Yo no sé lo que te tienes.
¿Dónde está tu regocijo?

Liseo   Ya, León, ya se acabó,
ya soy con todos malquisto.

León   Si acaso has dicho verdades,
no me espanto, que este siglo
la aborrece en todo extremo.

Liseo   Marcia, León, ha sabido
la gran traición de Fenisa
y mi altanero sentido,   2170
y más brava que leona
dos mil injurias me ha dicho,
y sin oír mi disculpa
de aquí furiosa se ha ido.

León   ¿Eso es no más? Lleve el diablo

tus terribles desatinos.
¡Vive Cristo! Que en las calzas
he criado palominos.
Miren qué traición al rey,
¡por Dios santo!, que me río.   2180
Calla, que eres mentecato.
Dime ¿dónde está tu brío?
Hay mil mozas en la corte,
entre quince y veinte y cinco,
que solo porque las quieras
te traerán siempre en palmitos.

Liseo   Esta sola, León,
             es la que quiero y estimo.

León   Y si te doy un remedio
             ¿qué me darás?

Liseo   Cuanto estimo,   2190
             cuanto yo tengo y poseo
             y el naranjado vestido.

León   Pues sabe que una mujer,
             de aquestas que chupan niños,
             me dio para cierto caso
             una receta de hechizos.
             No sirvió, porque mi moza,
             muy arrepentida, vino
             a rogarme una mañana
             con dos lonjas de tocino.   2200
             Guardéla con gran cuidado
             aquí en este bolsillo.

Sal acá.

Liseo   ¿No pareció?

León   Sí; los cielos sean benditos.
                ¿Quieres oirla?

Liseo   ¡Ay, León,
                si aprovechara te digo!

León   Claro está, que yo la di
                en cierto caso a un amigo
                que su mujer padecía
                mal de madre, y ella hizo   2210
                y vio milagros con ella.

Liseo   ¿Hay tan cruel desatino?
                Pues si es para enamorar,
                ¿cómo sanarla ha podido?

León   Eso es ello; que es tan fuerte,
                que aunque le costó infinito
                al fin sanó la mujer,
                porque el ensalmo es divino.

Liseo   Dila, aunque me cueste un mundo.

León   Pues está atento un poquito.   2220
                ¡Ay Dios, si te aprovechase
                porque me des el vestido!
                Un corazón de araña al Sol secado
                y sacado en creciente de la Luna,

tres vueltas de la rueda de fortuna
cuando tenga a un dichoso levantado.
Esto ha de ser con gran primor mojado
en el licor de aquella gran laguna
donde por ser Salmazis importuna,
fue Eco en hermafrodito trocado   2230
en sangre de Anteón, muy bien cocido,
revuelto en quejas de los ruiseñores,
y entre pelos de rana conservado.
Cuando fueres tratado con olvido,
sahúma con aquello a tus amores
y serás de tus penas remediado.

Liseo   Vive Dios, que estoy por darte
               cien coces. Cuando mohíno
               me ves, me cuentas alegre
               tan terribles desatinos;   2240
               cuando estoy desesperado, dices...

León   Vive Dios, que he sido
               en todas las ocasiones
               muy desgraciado contigo.
               Entreténgote y te pesa;
               ¿no sabes que los hechizos
               tienen la misma virtud
               que en esta memoria has visto?
               Cuando es uno desdichado
               en todo tiene prodigios.   2250
               Verá el diablo por qué tanto
               me veo ya despedido
               de vestirme como Judas
               de aquel vestido amarillo.

(Sale Belisa a la puerta.)

Belisa   Cé, Liseo.

Liseo   ¡Norte mío!

Belisa   Que lo soy, cierto confío.

(Entra y escribe.)

Liseo   Ya voy.
                Mira que tu esclavo soy.

León   No entiendo tu desvarío.
                Éntrate, pues yo me voy,   2260
                que con calentura estoy
                después que entro en una ermita,
                ya que esta pasión se quita
                con dormir.

Liseo   De Marcia soy.
                Di, Belisa, ¿qué hace ahora?

Belisa   ¿Quién?

Liseo   Mi Marcia.

Belisa   Gime y llora
                tu engañoso proceder.

Liseo   En ella mi alma adora.

Belisa

(Aparte.)   (Laura será tu mujer
a quien es tu fe deudora   2270
que si engañando has vivido
y de ti engañada ha sido,
hoy tu engaño pagarás,
y por engaño serás
a tu pesar, su marido.)

(Vanse, y salen Fenisa y Lucía.)

Lucía   Como te cuento, he sabido
este caso.

Fenisa   Al fin don Juan
es de Belisa galán
y por ella le he perdido.

Lucía   Días y noches está   2280
entretenido en su casa,
señal que su amor le abrasa
y que olvidándote va.

Fenisa   Cuando anteanoche le vi
tan vengativo y furioso,
lío le culpé por celoso,
y porque la causa fui.
Mas viendo que no ha tornado,
conozco que fue venganza,
y más era su mudanza   2290
que su grande desenfado.

Belisa lo mandaría
y por eso se atrevió.

Lucía   Eso no lo dudo yo.

Fenisa   No hay que dudar, mi Lucía,
ya parece que Cupido
ofendido de mí está,
y a todos mandando va
que me traten con olvido.
Tres días ha que Liseo   2300
ni me visita, ni escribe,
don Juan con Belisa vive,
y sola males poseo;
don Juan con Belisa amigo,
habiendo por mí olvidado
su amistad.

Lucía   Caso pesado
de tu condición castigo,
pues del amor te burlabas,
tu servicio admitías,
a todos cuantos querías,   2310
puesto que a ninguno amabas.

Fenisa   ¿A ninguno? Por los cielos,
que a todos quiero, Lucía,
a todos juntos quería;
si no, míralo en mis celos.

Lucía   Pues no te osaba decir
cómo ya Marcia y Liseo

se gozan.

Fenisa	¡Ay de mí! Creo
	que estoy cerca de morir.
	¡Marcia y Liseo! ¿Hay tal cosa? 2320
	Y Belisa con don Juan
	bien concertados están.

(Llora.)

Lucía	Ella es historia donosa;	
	no llores.	2323

Fenisa	Yo he de vengarme
	Lucía, no hay que tratar;
	yo los tengo de matar.
	No tienes que aconsejarme.

Lucía	¿A todos?

Fenisa	A todos, pues.

Lucía	¡Jesús!

Fenisa	No te escandalices.

Lucía.	Mira, por Dios, lo que dices.	2330

Fenisa.	Calla, y lo verás después.
	Dame mi manto, Lucía,
	y toma el tuyo, que quiero
	ver a Liseo la cara.

Lucía	Míralo mejor primero,	
	y no te arrojes, por Dios,	
	que el daño después de hecho,	
	aunque quieras remediarle,	
	no tiene ningún remedio.	

Fenisa	Trae los mantos, esto pido,	2340
	que no te pido consejos,	
	porque tal estoy, Lucía,	
	que ya no son de provecho.	

Lucía   Con todo quiero pedirte
          que escojas uno de aquestos
          y no traigas tantos hombres
          danzando tras tu deseo.

Fenisa   Es imposible, Lucía,
          proseguir, que es desvarío
          quererme quitar a mí   2350
          que no tenga muchos dueños.
          Estimo a don Juan, adoro
          a mi querido Liseo,
          gusto de escuchar a Lauro
          y por los demás me pierdo.
          Y si apartase de mí
          cualquiera destos sujetos,
          quedaría despoblado
          de gente y gusto mi pecho.
          Acaba. ¿No traes el manto?   2360
          Que estoy rabiando de celos.

Lucía   Ya voy.

(Vase.)

Fenisa   Camina, que amor
vengaza me está pidiendo.
Si mi amor, un alma porque tiene
sufrimiento en sus penas y tormentos,
yo, amor, que amando a muchos mucho, siento;
no es razón que tu audiencia me condene;
razón más justa, amor, será que pene
la que tiene tan corto pensamiento
que no caben en él amantes ciento   2370
y amando a todos juntos se entretiene;
si quien solo uno ama premio espera,
con más razón mi alma le merece,
pues tengo los amantes a docenas.
Dámele, ciego Dios, y considera
si con uno tan solo se padece,
yo padezco con tantos muchas penas.

(Sale Lucía.)

Lucía   Lauro te quiere hablar si gustas dello;
a la puerta abriré que están llamando.

Fenisa   Jesús, Lucía, ¿pues a Lauro niegas   2380
la entrada, pues la tiene ya en mi alma?

Lucía   Como estás disgustada, yo creyera
que te faltara gusto y desenfados
para engañar a todos, como sueles.

| Fenisa | ¿Qué cosa es engañar? Ya yo te he dicho |
| | que a todos quiero y a ninguno engaño. |

| Lucía | ¿Pues como puede ser que a todos quieras? |

Fenisa	No más de como es. Ve y abre a Lauro,
	no quieras saber, pues eres necia,
	de qué manera a todos los estimo.	2390
	a todos cuantos quiero yo me inclino,
	los quiero, los estimo y los adoro;
	a los feos, hermosos, mozos, viejos,
	ricos y pobres, solo por ser hombres.
	Tengo la condición del mismo cielo,
	que como él tiene asiento para todos
	a todos doy lugar dentro en mí pecho.

Lucía	También en el infierno hay muchas sillas
	y las ocupan más que no en el cielo.
	Según esto serás de amor infierno,	2400
	que si allá van los hombres por delitos,
	también vienen a ti estos pecadores
	por los que ellos cometen cada día.

| Laura | Deja quimeras, llama a Lauro, necia, |
| | que yo soy blanco del rapaz Cupido. |

| Lucía | Entrad, Lauro; ya viene. Al cielo ruego |
| | que no te quedes, como pienso, en blanco. |

(Entra Lauro.)

Lauro	¿Cómo tan sola, Fenisa de hermosura?
	Más será por decir que sola eres
	del mundo asombro y de belleza reina. 2410

Fenisa	Basta, Lauro, lisonjas. No me quieres,
	pues conmigo las gastas sin pedirlas.

Lauro	Pluguiera a Dios, Fenisa, no quisiera
	como quiero, pues es tan sin remedio.

Fenisa	¿Pues cómo sin remedio, Lauro mío?

Lauro	¿Tuyo, Fenisa? Pues si yo tuyo fuera,
	no viniera a decirte lo que vengo.

Fenisa	¿Díceslo por Liseo? ¿No te he dicho
	que pidas a Liseo que me deje?
	Mas di, Lauro, a qué vienes, y perdona 2420
	que no me siento, porque estoy de paso,
	que voy a ver a Marcia.

Lauro	No hay conmigo
	cumplimientos, señora; acá me envía
	Liseo, a que te diga que te cansas
	con recados, mensajes y papeles,
	gastando el tiempo en cosas sin remedio.
	Dice que aquella noche que en el Prado
	contigo estuvo, apenas te apartaste
	cuando llegando a San Felipe, llega
	don Juan, un caballero que conoces, 2430
	y le pidió le oyese dos palabras,
	en las cuales le dijo que tú eras

por cuyo amor dejó a Belisa, prima
de la gallarda Marcia, amiga tuya;
que de la misma suerte salteaste
a su amor, como el suyo desta dama.
También le dijo cómo aquella noche
en el Prado, a tu causa, perder quiso
con Liseo la vida y aun la honra.
Mas viendo que la culpa tú la tienes,   2440
tomó como tú sabes la venganza,
y le contó lo que decir no quiero,
que bastan los colores de tu cara
sin que yo saque más; al fin, Liseo
dice que te entretengas en tus gustos,
pues son tan varios, y que de él no esperes
otra cosa jamás; yo, que te amaba,
no te aborrezco, mas al fin te dejo.
Yo voy, pues lo permiten tú y los cielos,
a llorar y sentir aquestos celos.   2450

(Vase.)

Fenisa   Lauro, Lauro, escucha, espera.
            ¿Fuese?

Lucía   Sí, ¿mas qué pretendes
            en tantos males hacer?

Fenisa   Dame el manto y no me dejes,
            que ya no puedo, Lucía,
            sufrir los males presentes;
            yo me tengo de perder.

Lucía	Alto, las armas previene,	
	que yo me pondré a tu lado	
	haciendo lo que tú hicieres.	2460
	Buena te ponen los hombres,	
	pero no es mucho que penes,	
	que dar gusto a tantos hombres,	
	imposible me parece.	

Fenisa	Deja las burlas, Lucía.

Lucía	Ya veras llamarlas puedes	
	las que dan tanto pesar,	
	y si por burlas las tienes,	
	no hay sino tener amantes	
	y sufrir lo que viniere.	2470
	Burlas, yo las doy al diablo.	
	Señoras, las que entretienen,	
	tomen ejemplo en Fenisa;	
	huyan destos pisaverdes.	

Fenisa	Acábate de cubrir;
	Lucía, pesada eres.
	Cuando reventando estoy
	con gracias te desvaneces.

(Vase.)

Lucía	Camina, señora mía.	
	Digan señoras, ¿no miente	2480
	en decir que quiere a todos?	
	Cosa imposible parece;	
	mas no quiera una mujer	

que vive mintiendo siempre
pedir verdad a los hombres.
Necias serán si lo creen.

(Vase. Salen Belisa y León.)

León   ¡En casa, y sola!

Belisa   ¿Esto te ha espantado?

León   ¿No quieres que me espante de una dama
              moza, gallarda y de tan nobles partes,
              día de san Miguel, y sola en casa,   2490
              cuando aún las más bobillas toman vuelo

Belisa   Mira, León, cuando una mujer ama,
              ni busca fiesta, ni visita plazas,
              pasea calles, ni pretende fiestas.

León   Tienes razón; cuando una mujer ama;
              mas tengo para mí que no hay ninguna,
              y si la hay, es sola, como fénix.

Belisa   Pues esa fénix sola en mí la miras.

León   Está ya tal el mundo, que es milagro
              poder en él vivir; está perdido,   2500
              porque ya las mujeres destos tiempos
              tienen unos de gusto, otros de gasto,
              y el marido que coja clavellinas
              que cría medellín y el rastro cría.

Belisa   Esas tales León, no son mujeres;

sucias harpías son, confuso infierno
donde penan las almas destos tristes.

León   Grandes son los pecados destos tiempos
si aquesos son infiernos como dices,
pues no habiendo criado Dios más que uno,   2510
ahora vemos en el mundo tantos.

Belisa   ¿Tantos hay?

León   Infinitos.

Belisa   No te espantes
que como son los gastos sin medida
procuren las mujeres quien lo gaste,
si con la razón lo miras todo,
también los hombres tienen cien mujeres
sin querer a ninguna.

León   ¿Cien mujeres?
¿Y cuál es el ladrón que tal tuviera?
Vive Dios, que es bastante sola una
a volver viejo un hombre, y tú me dices   2520
que hay ninguno que tenga tanta carga;
y si engañan, los hombres aprendieran
de los engaños que hay en las mujeres.
Cierto amigo me dijo que había dado
al desdichado mundo por arbitrio,
que pidiese en algunos memoriales
a los dioses remedien sus desdichas
y los gastos pesados que se usan.

Belisa   Dime aqueso, León.

León	Pues ¿no lo sabe?	
	Aguarda y lo diré, si estás atenta.	2530
Belisa	Dame, León, de aquesas cosas cuenta.	
León	Después que pasó	
	de la edad dorada	
	la santa inocencia	
	y la verdad santa,	
	cuando las encinas	
	la miel destilaban,	
	y daba el ganado	
	hilos de oro y plata,	
	ofrecían los prados	2540
	finas esmeraldas	
	y la gente entonces	
	sin malicia estaba,	
	en esta de hierro	
	tan pobre y tan falta	
	de amistad, pues vive	
	la traición malvada,	
	son los males tantos,	
	tantas las desgracias,	
	que se teme el mundo	2550
	de que ya se acaba.	
	En la sacra audiencia	
	con su larga barba	
	pidiendo justicia	
	entró una mañana;	
	el sacro auditorio	
	oyó su demanda	

y le dio licencia
para relatarla.
Lo primero pide   2560
que justicia se haga
de los lisonjeros
que en la corte andan;
con esto que pide
muchos amenaza.
¡Ay de los que sirven!
Perderán la gracia
y que a la mentira
descubran la cara,
porque el nombre usurpa   2570
a la verdad santa;
que declare el uso
cómo y dónde halla
los diversos trajes
con que al mundo engaña;
a quien tras los cuellos
que bosques se llaman,
tanto en la espesura
como en ser de caza,
guedejas y rizos   2580
de las bellas damas,
puños azulados,
joyas, cintas, galas;
a los hombres dicen
que vistan botargas
como en otros tiempos
los godos usaban;
que a las damas manden
que por galas traigan

las cofías de papos   2590
de la infanta Urraca;
que en la ropería
acorten las faldas
de aquestos jubones
ya medio sotanas,
y que de las tiendas
las busconas salgan
para que no pelen
los que en ellas andan;
que a los coches pongan   2600
corozas muy altas
por encubridores
de bajezas tantas;
pide a ciertas brujas
que en nombre de santas
en la corte viven,
que de ella salgan,
porque solo sirven
de vender muchachas
y chupar las bolsas   2610
con venturas falsas;.
Pide a mil maridos
que miren su casa
para ver si hay
varas encantadas
con que sus mujeres
oro y tela arrastran
dando a los botones
por honesta causa.
Pues de los poetas   2620
mil cosas ensarta,
mas yo no me meto

en contarte nada;
doy al diablo gente
que al amigo mata
si toma la pluma
con no ser espada.

Belisa   Ya sabes, León,
que al león señalan
por rey de las fieras   2630
que en el campo andan,
y sabrás también
que le da cuartana
con que su fiereza
humilla y baja.

León   Pues ¿no he de saberlo
si a su semejanza
traigo la cabeza
siempre cuartanaria?

Belisa   Pues estando un día   2640
su crueldad y rabia
al dolor rendida
del mal humillada,
entró a visitarle
con la vista airada
el soberbio lobo
de malas entrañas.
Éste con la zorra
trae guerra trabada,
y así por vengarse   2650
este enredo traza.
Si tu majestad,

señor, quiere, traiga
la piel de la zorra
al cuerpo pegada.
Yendo a entrar la zorra
oyó estas palabras,
que fueron aviso
para su venganza.
Aguardó que el lobo   2660
la dejase franca
la anchurosa cueva
del león morada.
Con el rostro humilde
entró, mas no osaba
llegarse al león
temerosa y cauta;
díjole el león:
¡Ay, amiga cara!
esa piel me han dicho   2670
que conmigo traiga
y tendré salud.
La zorra humillada
le dice: Señor,
tu pena restaura
si en este remedio
tu mal se repara,
mas mi pellejuelo
aunque tenga gracias,
es tan pequeñito   2680
que aun un pie no tapa.
Si fuera el del lobo,
tiene virtud tanta
que solo en tocarle

la vida se alarga.
Dejóla el león
mas al lobo aguarda
y en llegando cerca
echóle la garra,
quitósele todo,   2690
solo le dejara
la cabeza al triste
y las cuatro patas.
Salió el lobo
con tan grandes ansias
que con el dolor
mil aullidos daba;
estaba la zorra
contenta y ufana
mirando el suceso   2700
de una peña alta,
y con voz risueña,
desenvuelta y clara
dijo: «Caballero,
vuelva acá la cara
el de los zapatos,
guantes y celada.
Si os veis otra vez
con personas altas,
cortad vuestras cosas,   2710
las demás dejaldas.
Sabed que no medra
quien en corte habla».
¿Entiendes, León?
Pues si entiendes, calla.

León   Muy bien le he entendido,
mas callarme mandas;
tengo el arca chica,
todo me embaraza.
¡Ay Dios, que reviento!   2720
Si callo, me matas.
¡Qué imposible cosa!
¡Oh qué ley sellada!
No hay torno de monjas
con andar cual anda,
como aquesta lengua
tan libre y tan larga.
No hubiera ignorantes
si todos callaran;
mas don Juan es éste   2730

Belisa   Pues si es don Juan, calla.

(Sale don Juan.)

Don Juan   Dulce Belisa, ¿aquí estás?

Belisa   Aquí estoy, amada prenda,
esperando a ver tus ojos.

Don Juan   Pues ya vengo a que me veas
y me mandes como a esclavo.

Belisa   ¿Qúién es quien queda a la puerta?

Don Juan   Gerardo, señora mía.

(Sale Gerardo.)

Belisa	Gerardo, ¿por qué no entras?	
Gerardo	Por dar lugar a don Juan.	2740
Belisa	No ofenderá a tus orejas oír hablar dos amantes.	
Gerardo	Antes oírlos me alegra.	
Belisa	Espera, ¿qué ruido es éste?	

(Salen Fenisa y Lucía.)

Lucía	Camina, señora, allega, don Juan está con Belisa. Famosa ocasión es ésta.	
Fenisa	Traidor, ¿en aquesta casa he de hallarte, cuando deja mi voluntad ofendida, mi rostro lleno de ofensas? ¡Vive Dios, que he de quitarte con estas manos, con éstas, esa infame y falsa vida!	2750
Belisa	Paso, Fenisa, está queda, que tiene en corte parientes que por el contrato vuelven.	
Fenisa	Belisa, apártate a un lado;	

	no des lugar que te pierda	
	el respeto, y que te diga	2760
	que fue por tu gusto hecha	
	en mi persona venganza.	

Belisa   Mientes, villana grosera.

Fenisa   Ahora verás quien soy.

León   Igual está la pendencia,
            una a una.

Don Juan   ¿Hay caso tal?
            Esta es mucha desvergüenza,
            Fenisa.

León   Déjalas, calla,
            diremos, viva quien venza,
            si viniesen a las manos,   2770
            tú, Lucía, estáte queda,
            ¡oh, vive Dios! que los ojos
            allá al cogote te meta
            de una puñada.

Lucía   Está quedo.

(Sale Marcia.)

Marcia   ¿Qué es esto, qué grita es ésta,
            Fenisa, pues tú en mi casa
            loca y atrevida llegas
            y con mi prima te pones

	en iguales competencias?	
	Vuelve en ti, que estás sin seso.	2780
Fenisa	Marcia, no puede mi ofensa	
	dejar la venganza.	
Marcia	Quita,	
	¿qué venganza? Si tuvieras	
	tu juicio, ante mis ojos	
	en tu vida parecieras.	
	Quita, prima, que es infamia	
	que con mujer tan resuelta	
	te pongas.	
Belisa	Déjame, prima.	
León	¡Por Dios! que si no viniera,	
	ellas, con hermoso brío,	2790
	se asían de las melenas.	
Fenisa	Esa es discreta razón,	
	Marcia, que niegue tu lengua	
	la obligación a mi amor.	
Marcia.	¿Hay desvergüenza como ésta?	
	¿Tu amistad, tu amor? No digas,	
	Fenisa, aquesa blasfemia,	
	sino dime a que has venido.	
Fenisa	A quejarme que consientas	
	que don Juan hable a tu prima	2800
	siendo mi esposo.	

Don Juan   Que mientas
               en cosa que tanto importa,
               ¡por Dios, Fenisa, me pesa!

(Sale Liseo.)

Liseo   Si quien viene arrepentido
               tiene de hablarte licencia,
               escúchame, bella Marcia.

Gerardo   ¿Qué es esto, mi Marcia bella?

Marcia   Ten ánimo y no desmayes
               aunque más sucesos veas,
               Liseo, pues tras Fenisa   2810
               te vienes a mi presencia.

Liseo   ¿Yo tras Fenisa, señora?
               Si tal vengo, con aquesta
               espada a traición me maten.

Fenisa   Ya que descubierto queda
               todo el engaño, Liseo,
               ¿por qué tus ojos me niegas?
               Vuelve a mirar a Fenisa.

Liseo   De Marcia soy, no pretendas
               estorbar mi casamiento.   2820

Laura   Eso será cuando quiera
               Laura la licencia darte.

Liseo	¡Cielos! ¿Qué visión es ésta?
	Laura, ¿no eras religiosa?
Laura	No, Liseo, que fue treta
	de Marcia, para engañarte
	y dar remedio a mi pena.
	No te enfades ni te enojes,
	yo he sido la que en las rejas
	te habló, fingiendo ser Marcia,
	y porque mejor lo creas
	¿esta firma es tuya?
Liseo	Sí,
	porque aunque negarla quiera
	es Belisa buen testigo,
	pues ella me mandó hacerla.
Marcia	Liseo, cosa imposible
	es apartar lo que ordena
	el cielo. Pues Laura es tuya,
	por mí tu mano merezca.
Fenisa	Liseo, pues eres mío,
	lo que haces considera,
	cumple con mi obligación.
Marcia	¿Qué ha de cumplir? Calla, necia,
	que solo por ser mujer
	no te echo por la escalera.
	¿Dudas, Liseo, qué es esto?
	Pues para que ejemplo tengas,

2830

2840

	mira cómo doy mi mano	
	a Gerardo, porque sea	
	premiada su voluntad.	2850

Gerardo   De rodillas en la tierra
la recibo, Marcia mía;
al fin venció mi paciencia.
¡Bien empleados trabajos!

Laura   No dirás sino la mía.

Liseo   Ésta es mi mano, y con ella
el alma, pues, será tuya.

Fenisa   ¡Que aquesto mis ojos vean!
Dame la mano, don Juan,
pues quiere el cielo que sean   2860
tuyas mis humildes partes.

Don Juan   Di a Belisa que consienta
en ello.

Fenisa   Solo tu gusto,
Don Juan, puede hacerte fuerza.
Acaba, dame tu mano.

Belisa   Desvíate a un lado, necia,
que don Juan no ha de ser tuyo
mientras el cielo me tenga
viva, porque es ya mi esposo.

Don Juan   Yo soy, Belisa discreta,   2870

el que gano en tal partido.

León   Lucía, no te detengas,
      dame de presto esa mano
      que según Fenisa queda
      pienso que ha de asir de mí,
      y no quiero ser con ella
      otro signo Capricornio,
      pues soy león en fiereza.

Lucía   Tuya soy, León amado,
      pero yo no tengo hacienda,   2880
      y si eres bravo, ¿qué haremos
      si no comemos arena?

León   Remédialo tú si puedes.

Lucía   Yo tengo cierta receta
      para hacer los bravos mansos.

León   ¿Y si lo soy habrá renta?

Lucía   Renta, coches y criados.

León   Pues alto, usaremos della,
      que en la corte no se vive
      si no es con trazas como éstas. 2890

Fenisa   Todos habéis sido ingratos
      a mi favor y finezas.
      Justicia, cielos, justicia
      sobre aquesta casa venga.

Marcia	Fenisa, tus maldiciones
	que nos alcancen no creas,
	pues de tu mal naide tiene
	la culpa, sino tú mesma.
	Las amigas desleales
	y que hacen estas tretas,

2900

pocos son estos castigos.
Consuélate y ten paciencia.

Liseo   Con esto, senado ilustre,
                    justo será que fin tenga
                    la traición en la amistad,
                    historia tan verdadera
                    que no ha un año que en la corte
                    sucedió como se cuenta.

León   Señores míos, Fenisa,
                    cual ven, sin amantes queda   2910
                    Si alguno la quiere, avise
                    para que su casa sepa.

      Fin

Libros a la carta

A la carta es un servicio especializado para
empresas,
librerías,
bibliotecas,
editoriales
y centros de enseñanza;
y permite confeccionar libros que, por su formato y concepción,
sirven a los propósitos más específicos de estas instituciones.

Las empresas nos encargan ediciones personalizadas para marketing editorial o para regalos institucionales. Y los interesados solicitan, a título personal, ediciones antiguas, o no disponibles en el mercado; y las acompañan con notas y comentarios críticos.

Las ediciones tienen como apoyo un libro de estilo con todo tipo de referencias sobre los criterios de tratamiento tipográfico aplicados a nuestros libros que puede ser consultado en Linkgua-ediciones. com.

Linkgua edita por encargo diferentes versiones de una misma obra con distintos tratamientos ortotipográficos (actualizaciones de carácter divulgativo de un clásico, o versiones estrictamente fieles a la edición original de referencia).

Este servicio de ediciones a la carta le permitirá, si usted se dedica a la enseñanza, tener una forma de hacer pública su interpretación de un texto y, sobre una versión digitalizada «base», usted podrá introducir interpretaciones del texto fuente. Es un tópico que los profesores denuncien en clase los desmanes de una edición, o vayan comentando errores de interpretación de un texto y esta es una solución útil a esa necesidad del mundo académico.

Asimismo publicamos de manera sistemática, en un mismo catálogo, tesis doctorales y actas de congresos académicos, que son distribuidas a través de nuestra Web.

El servicio de «libros a la carta» funciona de dos formas.

1. Tenemos un fondo de libros digitalizados que usted puede personalizar en tiradas de al menos cinco ejemplares. Estas personalizaciones pueden ser de todo tipo: añadir notas de clase para uso de un grupo de estudiantes, introducir logos corporativos para uso con fines de marketing empresarial, etc. etc.

2. Buscamos libros descatalogados de otras editoriales y los reeditamos en tiradas cortas a petición de un cliente.

9 788499 538006